MW01093399

Vida y Pensamiento es propiedad de la Universidad Bíblica Latinoamericana y se publica semestralmente. Cada número es temático y sus artículos se presentan como un aporte a la reflexión bíblica y teológica desde la realidad latinoamericana y son producto de las investigaciones de docentes de la UBL e instituciones afines. Todas las contribuciones deben ser trabajos inéditos y enviados según las "Instrucciones para autores/autoras" que se detallan al final de la revista. El Comité Editorial y los árbitros que designe decidirán sobre la publicación de los trabajos presentados. Para información sobre la temática de los siguientes números y fechas de entrega, puede comunicarse con:
Ruth Mooney (ruth@ubila.net)
o José Enrique Ramírez (joseenrique_ramirez@yahoo.com)

1

◆

Comité Editorial
JOSÉ E. RAMÍREZ (Director)
GENILMA BOEHLER
VIOLETA ROCHA
RUTH MOONEY
DAMARIS ALVAREZ

◆

Comité Editorial Internacional
DRA. OFELIA ORTEGA
Seminario Teológico de Matanzas, Cuba
DR. PLUTARCO BONILLA
Sociedades Bíblicas Unidas, Costa Rica
DR. JUAN JOSÉ TAMAYO
Universidad Carlos III, España

◆

Edición
JOSÉ E. RAMÍREZ-KIDD

◆

Diagramación/Portada
DAMARIS ALVAREZ

◆

Copyright © 2012

◆

Editorial SEBILA
Universidad Bíblica Latinoamericana, UBL
Apdo 901-1000, San José, Costa Rica
Tel.: (+506) /2283-8848/2283-4498
Fax.: (+506) 2283-6826
E-mail: ubila@ice.co.cr
www.ubila.net

ISSN 1019-6366

Institución que da continuidad
a las labores educativas iniciadas
por el Seminario Bíblico
Latinoamericano desde 1923.

Vida y Pensamiento
Edición especial
Segundo Semestre 2012
Vol. 32, No. 2

Poder, Diversidad y Religión

CR ℘

Elisabeth Shüssler Fiorenza

Contenido

7

8

Prólogo

Honra nuestra revista "Vida y Pensamiento" la publicación de estas conferencias de la prof. Elisabeth Schüssler Fiorenza, de la facultad de teología de la Universidad de Harvard, conferencista invitada para la Cátedra Mackay 2012 de la Universidad Bíblica Latinoamericana. La obra es un valioso aporte a la creciente reflexión sobre temas de género, diversidad y poder en la UBL durante los últimos años, y contribuye a una mirada más compleja a estas temáticas desde la crítica feminista. La actividad se realizó este año en dos escenarios, la Universidad Nacional en Heredia, donde tuvo lugar la conferencia inaugural, y nuestra universidad en San José. Para esta publicación la prof. Schüssler Fiorenza ha agregado un capítulo introductorio. La traducción ha estado a cargo mío y de Ruth Mooney, docentes de la Universidad Bíblica Latinoamericana. Se ha hecho un esfuerzo por mantener las particularidades propias del estilo original; para algunas opciones específicas se han incluido las notas correspondientes.

Dr. José E. Ramírez-Kidd.
Director de Vida y Pensamiento

Prefacio

Ha sido para mí un gran honor recibir esta invitación a la Cátedra Mackay en la Universidad Bíblica Latinoamericana este año. Quiero agradecer a la rectora Violeta Rocha por la invitación a visitar de nuevo Costa Rica. También estoy muy agradecida con la profesora Mireya Baltodano por su ayuda a la hora de preparar mi visita. En especial doy gracias a los miembros del comité organizador que escogieron el tema de "Poder, Diversidad y Religión". Finalmente, agradezco a las traductoras de la Cátedra: Karoline Mora y profesoras Elisabeth Cook y Ruth Mooney; a los traductores del texto: José Enrique Ramírez y Ruth Mooney; y al profesor José Enrique Ramírez, editor de *Vida y Pensamiento*, por coordinar el proceso editorial.

Aprecio mucho la maravillosa hospitalidad de la UBL y las conversaciones y diálogos con colegas de la facultad, además del vivo interés de estudiantes, profesores y visitas en la audiencia en la UBL, también de las personas presentes en la cátedra y seminario en la Universidad Nacional de Costa Rica en Heredia. Estoy muy agradecida con los profesores Francisco Mena y Diego Soto de la Escuela Ecuménica de Ciencias de la Religión por su hospitalidad al organizar y auspiciar la cátedra y el seminario.

11

Introducción

Me acerco al tema *Poder, género, diversidad y religión* no simplemente en términos de los estudios académicos de género o de mu/jeres*, sino en términos de una teoría política feminista y una teología de la liberación.[1] Una

---

* Nota del editor: Con respecto al uso de mu/jeres, la autora explica que "escribir **mu/jer** en forma quebrantada. . . busca problematizar no solamente la categoría de mu/jer sino también indicar que las mu/jeres no son un grupo social unitario sino fragmentado por estructuras de raza, clase, etnicidad, religión, heterosexualidad, colonialismo y edad". Explica su posición con más detalle en el capítulo 4.

1 Ver, entre muchas otras, Darlene M.Juschka, *Feminism in the Study of Religion: A Reader* (New York: Continuum, 2001); María Pilar Aquino, Daiy L. Machado and Jeanette Rodriguez, eds., *A Reader in Latina Feminist Theology* (Austin: University of Texas Press, 2002); María Pilar Aquino and Maria José Rosado-Nunes, ed., *Feminist Intercultural Theology. Latina Explorations for a Just World* (Maryknoll, NY: Orbis Books, 2007); Raphael, Melissa, *Introducing Thealogy: Discourse on the Goddess* (Cleveland, Ohio: Pilgrim Press, 2000); Musimbi R Kanyoro, *Introducing Feminist Cultural Hermeneutics: An African Perspective* (Cleveland, Ohio: Pilgrim Press, 2002); Chopp, Rebecca S. and Sheila Greeve Davaney, *Horizons*

teología de la liberación feminista y crítica busca interactuar con el análisis teórico de género, y también analizar la intersección de las múltiples estructuras de opresión que constituyen las estructuras kyriarcales de dominación. Tal intersección[2] tiene tanto efectos personales como políticos. El término "político" se deriva de la palabra griega *polis*, que designa la ciudad-estado democrática. La democracia griega, que ha sido el modelo para la democracia moderna, fue atravesada y limitada por estructuras cruzadas de dominación y exclusión, las cuales un análisis político feminista busca nombrar y modificar. Por lo tanto, una te*logía política, feminista y crítica tiene como compañera teorética de diálogo no solamente a los estudios de género, sino también a la teoría crítica. Según Horkheimer,[3] una teoría crítica tiene que cumplir tres criterios:

---

in Feminist Theology: Identity, Tradition, and Norms (Minneapolis: Fortress Press, 1997); Jones, Serene, *Feminist Theory and Christian Theology: Cartographies of Grace* (Minneapolis: Fortress Press, 2000); Gross, Rita M. and R. Radford Ruether, *Religious Feminism and the Future of the Planet.A Buddhist-Christian Conversation* (New York: Continuum, 2001); Clifford, Anne M., *Introducing Feminist Theology* (Maryknoll: Orbis, 2001); Frank Parsons, Susan, *The Cambridge Companion to Feminist Theology* (Cambridge, U.K.; New York: Cambridge University Press, 2002); Mitchem, Stephanie Y., *Introducing Womanist Theology* (Maryknoll, N.Y.: Orbis Books, 2002); Radford Ruether, Rosemary, ed., *Feminist Theologies: Legacy and Prospect* (Minneapolis, MN: Fortress Press, 2007); Althaus-Reid, Marcella and Lisa Isherwood, *Controversies in Feminist Theology (Controversies in Contextual Theology)* (London: SCM Press, 2007); Kamitsuka, Margaret D., *Feminist Theology and the Challenge of Difference* (New York: Oxford, 2007); Elisabeth Schüssler Fiorenza, *Transforming Vision: Explorations in Feminist The*logy.*(Minneapolis: Fortress Press, 2011), y especialmente las mesas redondas del *Journal of Feminist Studies in Religion* que se acerca ya a su trigésimo año de publicación.

2 Para el desarrollo teórico de la interseccionalidad, ver Nina Lykke, *Feminist Studies: A Guide to IntersectionalTheory, Methodology and Writing* (New York: Routledge, 2010); Maria Lutz, Maria TeresaHerrara Vivar, Linda Supik (eds.), *Fokus Intersektionalität. Bewegungen und Verortungen eines vielschichtigen Konzepts* (Wiesbaden: VS Verlag für Sozialwissenschaften, 2010).

3 Ver Max Horkheimer, *Critical Theory* (New York: Herder, 1972) 188-243.

- En primer lugar, tiene que ser *explicativa*. Tiene que desarrollar una teoría de la sociedad que explique lo que está mal. He desarrollado una teoría así, al interpretar las estructuras de dominación no solamente en términos del patriarcado y del género ,sino en términos de las relaciones kyriarcales constituidas por la intersección de relaciones de dominación raciales, coloniales, heterosexuales, de clase y género.

- En segundo lugar, una teoría crítica tiene que ser *práctica*. Necesita identificar los agentes que buscan traer cambio. Veo como tales agentes de cambio los nuevos movimientos sociales en general, y los movimientos de liberación feministas y globales en particular. Además, una teología feminista crítica no busca comprender y explicar la religión solamente, sino también cambiar sus formaciones kyriarcales.

- Finalmente, según Horkheimer, una teoría crítica tiene que ser *normativa*. Debe articular las metas prácticas, normas éticas y visiones teóricas para un futuro diferente y libre de la dominación. El feminismo, me parece, es tal teoría y conocimiento normativo, mientras que el género tiende a ocultar su normatividad teórica en y por medio de sus discursos naturales.

En este punto, se hace necesario explicar lo que entiendo por feminismo. La expresión "feminista" evoca todavía en muchas audiencias una serie compleja de emociones, reacciones negativas y prejuicios, al igual que una gran cantidad de diferentes interpretaciones. Dado que la palabra continúa o vuelve a ser en la mayor parte del

15

mundo una "mala palabra", me apresuro a explicar cómo yo entiendo la palabra feminista.

Mi definición preferida del feminismo es expresada por una muy conocida calcomanía que una amiga me dio hace unos años como regalo de cumpleaños para mi auto. La calcomanía dice irónicamente "el feminismo es la noción radical de que las mu/jeres son personas." Alude a la declaración democrática radical "Nosotras las personas" [en la Declaración de Independencia de los Estados Unidos], y por lo tanto insiste en que las mujeres tienen todo derecho y responsabilidad ciudadana en la sociedad y en la religión.

Hannah Arendt ha trazado los orígenes del concepto de la democracia a la *polis* de la Grecia antigua, de donde viene nuestra palabra política. La política sólo se podía practicar por caballeros de élite, que se habían liberado de la necesidad de trabajar. La democracia descansa sobre la distinción entre la casa familiar, como lugar de necesidad, y el espacio público de la *polis* (el estado), donde hombres libres descubrían quiénes eran, y establecían su individualidad con ayuda unos de otros. En contraste con la casa, que estaba dedicada a la necesidad y la economía, la política era el espacio de la libertad.

Arendt no detalla sin embargo, que los únicos individuos que podían involucrarse en el ámbito de lo político eran los ciudadanos varones, libres y con propiedades. Como jefes de familia, con mu/jeres libres, niños y niñas, y mu/jeres esclavas sujetos a ellos, se llamaban *kyrioi*. Con el fin de nombrar adecuadamente este contexto socio-político de las Escrituras y teologías cristianas, he acuñado el término *kyriarcado* para reemplazar la categoría central de análisis feminista, *patriarcado*. El término *kyriarcado*, que denota un sistema degradado de dominaciones, se deriva de la palabra griega *kyrios* (*dominus* en latín) —el señor, amo, padre, esposo, varón libre propietario al cual estaban subordinados y controlados todos los miembros de la casa— y el verbo griego *archein*, que significa gobernar, dominar, controlar.

La casa doméstica, como ámbito de la necesidad era también ámbito de la dominación. La libertad, en el sentido político occidental clásico, la ejercían sólo los varones propietarios libres. Sólo el *kyrios/dominus/ caballero* era ciudadano libre con poder. La democracia occidental, incluso la estadounidense, imita esta estructura kyriarcal de la democracia griega, que se ha construido sobre la subordinación y esclavización de los miembros subordinados de la casa y el estado. El punto de vista de las mu/jeres esclavas no ha sido transmitido, pero resuena a través los siglos reclamando libertad y bienestar para todos y todas sin excepción.

Durante los últimos 300 años o más, las mu/jeres y las personas negras, obreras, pobres e inmigrantes han luchado por sus derechos plenos de ciudadanía. No son luchas del pasado solamente, sino que siguen siendo luchas de hoy. Tales luchas por los derechos ciudadanos plenos de mu/ jeres sobre su cuerpo y familia, se han vuelto virulentas en los últimos meses del proceso electoral presidencial en los Estados Unidos. Los demócratas libran supuestamente, "una guerra contra la religión", y los republicanos llevan a cabo en diversos estados una verdadera "guerra contra las mu/jeres". Los obispos católicos romanos han llegado al extremo de alegar que la administración de Obama libra una guerra en contra de la religión. Esta acusación nace en primer lugar, de la exigencia de la nueva ley de salud pública de que: las instituciones religiosas deben incluir en sus seguros de salud, el servicio de planificación familiar para las mu/jeres y, en segundo lugar, de la negación del gobierno a tolerar la discriminación a causa de la religión. Los candidatos republicanos a la presidencia, y especialmente los gobiernos estatales controlados por republicanos, niegan la libertad de reproducción a las mu/jeres, lo que equivale a una verdadera "guerra contra las mu/jeres". Para limitar los derechos ciudadanos de las mu/jeres a la auto-determinación, las asambleas estatales republicanas han creado en los Estados Unidos enmiendas a la constitución sobre el tema de la condición de la persona, con el fin de fertilizar óvulos y aseverar que la vida comienza con la menstruación.

En resumen, la definición del feminismo como "la noción radical de que las mu/jeres son personas", subraya que las luchas feministas por los derechos ciudadanos plenos continúan. Todavía no vivimos en un mundo posfeminista, donde —como se acostumbra decir— todos los derechos de las mu/jeres han sido logrados, el feminismo está fuera de moda y es innecesario. Al mismo tiempo, esta definición de feminismo de la calcomanía resalta irónicamente que, a principios del siglo XXI, la noción de feminismo debe ser una idea de sentido común. Las mu/jeres no son damas, esposas, empleadas, seductoras o bestias de carga, sino ciudadanas responsables con pleno derecho de decisión.

Esta definición ubica al feminismo dentro de los movimientos y discursos democráticos radicales, que abogan por los derechos de todas las personas que son mu/jeres. Evoca recuerdos de luchas por la ciudadanía y por el poder de decisión en la sociedad y la religión. Según esta definición política del feminismo, los varones pueden promover el feminismo y las mu/jeres pueden ser anti-feministas. El feminismo no vincula sólo al género sino también a la raza, la clase, el imperialismo o la discriminación por edad. Se preocupa por la dominación masculina de élite, no sólo patriarcal sino también kyriarcal. Por lo tanto, la te*logía feminista y el estudio de las Escrituras necesitan enfocarse en las relaciones de poder kyriarcales, que están inscritas en el lenguaje y tradición religiosos, y en las Sagradas Escrituras entendidas como la Palabra de D**s.*

Una te*logía de liberación política, feminista y crítica tiene la tarea de deconstruir las relaciones de género que parecen naturales dentro del kyriarcado hegemónico. Al mismo tiempo, tiene la tarea de reconstruir un mundo, una sociedad y una comunidad religiosa libres de la dominación. Este mundo feminista, que busca formular alternativas a las relaciones kyriarcales de dominación, se ha realizado parcialmente en la historia por medio de movimientos emancipatorios, democráticos y radicales. He buscado teorizar el *kyriarcado* como un concepto heurístico analítico que pueda articular la intersección multiplicadora de discursos y estructuras de dominación. También he intentado visualizar la *ekklēsia* o congreso de mu/jeres como un espacio teórico socio-teológico.

La visión democrática radical de la *ekklēsia,* el congreso de mu/jeres, que afirma "la dignidad por igual y el poder de muchos" —para parafrasear a Hannah Arendt— se ha realizado histórica y prácticamente sólo dentro de y a pesar

---

* Nota del editor: La autora explica: "Escribo la palabra D**s de esta manera para desestabilizar visualmente nuestra forma de pensar y hablar acerca de lo Divino. . . con el propósito de señalar lo inadecuado de nuestro lenguaje acerca de Dios".

de la democracia kyriarcal. Por lo tanto, hay que cualificar el término *ekklēsia* = congreso con "mu/jeres". Tal señal es necesaria en cuanto las mu/jeres no sean ciudadanas plenas y decisorias en la sociedad, en la academia y en la religión. Significa que todavía no se ha logrado una igualdad democrática radical.

Las te*logías feministas críticas y los estudios en religión, sostengo, necesitan trabajar con una teoría de la sociedad y la religión que no sea sólo antropológica o normativa cultural, sino radicalmente democrática. Necesitan ser conscientes de su naturaleza retórica y definir su ubicación social, sus intereses epistémicos y sus funciones prácticas, para poder cambiar las relaciones de dominación. Para sostener esta teoría de religión feminista y crítica, considero que los estudios religiosos feministas necesitan mantenerse "te*lógicos" en el sentido más amplio de la palabra. La investigación feminista debe ubicarse dentro de la religión, en vez de construir y cosificar la religión como el "otro", haciéndola el objeto de una mirada académica supuestamente sin valores.

Una crítica radical de la religión, o sea, una que llegue hasta las raíces de la tradición, debe venir desde dentro de una religión en particular. De no ser así, podría llevar al rechazo de la religiosidad femenina como una "consciencia falsa" o como una apologética del estatus quo kyriarcal. Esta crítica debe engendrar la transformación de las sociedades y religiones kyriarcales. Una te*logía de la liberación feminista y crítica, y los estudios liberacionistas en religión presuponen una teoría crítica de la religión que es explicativa, práctica, normativa y auto-reflexiva. No busca construir un desarrollo progresista en el cual el cristianismo y su teología sean la cima de las religiones mundiales. A la luz de la fuerte versión positivista de la objetividad abogada por los estudios académicos religiosos [y teológicos], considero que el estudio académico de la religión y de la te*logía cristiana deben ser reconceptualizados en términos retóricos-feministas.

Para evitar un *ethos* positivista, se necesita entender la religión y la te*logía como sitios de lucha y no simplemente como objetos de estudio. Los eruditos hablan siempre desde una tradición religiosa comunal, aún cuando la hayan rechazado conscientemente. No sugiero que para entender la religión se deba referirse principalmente al testimonio de creyentes. Quiero resaltar más bien un hecho hermenéutico crítico: para estudiar la religión o cualquier otra materia, se parte siempre de una pre-comprensión del tema que se busca entender.

Nunca hay estudios sin valores. La erudición siempre está situada —en lo religioso, lo social, lo cultural y lo político. Los estudios de universos simbólicos y prácticas religiosas siempre están situados dentro de un marco teórico de la religión, en cuanto están formados por sus tradiciones religiosas, intelectuales y comunales, aún cuando las hayan rechazado o afirmen haberlas superado. Por lo tanto, los estudios feministas en religión tienen que ser conscientes de hablar *desde dentro* de una tradición religiosa o comunidad intelectual particular, para la cual el discurso feminista se encuentra tanto dentro como fuera.

Los discursos feministas hablan, no sólo desde dentro de una comunidad y contexto religioso particular, sino desde dentro de un espacio cultural y político particular. He desarrollado mis argumentos en los siguientes capítulos en el contexto de la campaña electoral presidencial de los

Estados Unidos, que está atravesada por un racismo abierto hacia el primer presidente afroamericano, y un sexismo legal respecto de los derechos reproductivos de la mu/jer. La "guerra contra las mu/jeres" de los republicanos, a nivel nacional y estatal, está apoyada por grandes donantes y una religión bíblica conservadora. Una porción significativa de la población no cree que el Presidente Obama es estadounidense por nacimiento, y creen que es musulmán y no cristiano, a pesar de toda evidencia. Las legislaturas estatales y los candidatos para el Congreso promueven una enmienda de "persona humana" que dice:

> El derecho primordial a la vida es inalienable en cada ser humano desde el momento de la fertilización [calculado en 2 semanas antes de esa fertilización] sin tomar en cuenta la edad, raza, sexo, salud, función o condición de dependencia. El derecho a la vida es el derecho más primordial y fundamental de una persona.

Esta enmienda a la constitución penalizaría no solamente el aborto, sino también algunas formas de planificación familiar. Cuando se penaliza a todas las personas involucradas en un aborto, están en juego los derechos ciudadanos de las mu/jeres. Esta ley crearía una gran población nueva en las cárceles, y separaría a las madres de sus hijos, al estar éstas encarceladas. Finalmente, la lucha por los derechos reproductivos de las mu/jeres se ha declarado como una amenaza a "la libertad religiosa", y los líderes conservadores de las iglesias, tales como los obispos católico romanos, luchan por el derecho de discriminar y eliminar los derechos de las mu/jeres en nombre de "la libertad religiosa".

Es obvio que escribo desde una ubicación socio-cultural, política y religiosa diferente a la de América

Latina, aunque argumento que en un mundo globalizado, las ubicaciones feministas socio-políticas se acercan más y más entre sí. Por lo tanto, les invito a responder a mis reflexiones tomando en cuenta los siguientes criterios. Estos han sido identificados por Ofelia Schutte para el uso de la teoría feminista latinoamericana, con el fin de evaluar los análisis eruditos formados dentro de una ubicación socio-político-religiosa diferente:

Primero, se busca una concepción crítica del conocimiento. *Segundo*, se busca un esfuerzo, si no explícito por lo menos implícito, de conectar la teoría con la práctica. *Tercero*, se toma en cuenta las maneras en las que los métodos apoyan un proyecto progresista de liberación (que es una manera de repetir los primeros dos puntos). *Cuarto*, y quizás más importante, lo que está en juego en estos métodos es la implementación de una política transformadora de la cultura (y agregaría aquí una política transformadora de la religión). El acento o intensidad del trabajo feminista puede favorecer una o más de estas orientaciones, pero en conjunto sirven para caracterizar conceptualmente la teoría feminista latinoamericana.[4]

Invito a los lectores y lectoras a interactuar con mis reflexiones a la luz de este marco teórico, a juzgar la utilidad de mis argumentos y a definir una agenda conceptual que sea útil para el feminismo latinoamericano en la te*logía, los estudios bíblicos y los estudios en religión.

Aunque una descripción particular de la te*logía feminista es importante, tenemos que tomar en cuenta también lo que tenemos en común, y que moldea nuestra situación actual cultural, política y religiosa. Esta ubicación

---

4 Ofelia Schutte, "Engaging Latin American Feminisms Today: Methods, Theory and Practice, "*Hypatia 26/4 (2011) 783-803.791.*

y espacio común de las teorías y teologías feministas es la *globalización. The Oxford Handbook of Feminist Theology* (Manual Oxford de Teología Feminista) caracteriza este sitio socio-político común de la siguiente manera:

> Esta guía trata de presentar una historia inclusiva de la teología feminista a principios del siglo veintiuno, que reconozca la reflexión de las mujeres sobre la religión más allá del Norte global y sus formas del cristianismo. Por lo tanto, ha escogido la globalización como su tema central, como la característica principal del contexto en el cual hacemos teología feminista hoy... Para que la teología feminista tome en serio un tema tan complejo como el de la globalización, se requiere que supere su narrativa básica como un movimiento definido por los EE.UU.[5]

Estoy de acuerdo con este diagnóstico de la ubicación de la te*logía feminista en el siglo XXI, no quiero reducirla a una "reflexión de mujeres sobre la religión", ni pienso que la globalización desafíe las narrativas de la te*logía feminista. Más bien, juntamente con María Pilar Aquino, sostengo que no debemos "repensar la teología feminista a la luz de la globalización" sino:

> repensar la globalización a la luz de la teología de la liberación feminista y crítica. Lo que está en juego no es la relevancia de esta teología, sino el modelo de la sociedad que la globalización está creando hoy en día. El desafío que enfrenta cualquier teología feminista consiste en repensar lo que tiene que hacer para intervenir en el rediseño de este modelo en las próximas décadas.[6]

---

5 Sheila Briggs and Mary McClintock Fulkerson, eds., *Introduction, in The Oxford Handbook of Feminist The*logy* (New York: Oxford University Press, 2011), p. 2.

6 Maria Pilar Aquino, "Theology and Identity in the Context of Globalization," in Mary McClintock Fulkerson and Sheila Briggs, eds., *The Oxford Handbook of Feminist Theology*, 422.

Aquino argumenta que "la globalización interpreta la sociedad como algo fundamentado en las fuerzas sociales que conforman el mercado capitalista" y "trabajan hacia la imposición del modelo de mercado en escala global".[7] Y caracteriza la globalización kyriarcal a partir de cuatro características:[8]

Primero, No se benefician de la globalización las dos terceras partes de la humanidad que viven en la pobreza, ni la gran mayoría de mujeres que viven en subordinación, pobreza y violencia, sino solamente las élites económicas y políticas.

Segundo, la ideología de la globalización kyriarcal "no solo idealiza y transforma el mercado capitalista en algo que provee capital como fuente de vida, sino que endosa la ganancia como el valor supremo y promete un progreso sin fin, sin ninguna preocupación por la justicia ecológica".

Tercero, la visión de la sociedad no está basada en el reconocimiento y el respeto por los derechos humanos, sino en la expansión sin restricciones del mercado capitalista. Niega los derechos humanos a las mu/jeres en beneficio de la familia y la cultura kyriarcales.

Cuarto, el mundo creado por la globalización capitalista en el siglo XXI se caracteriza por "el conflicto violento, la tensión política y la inseguridad humana en cada continente". Muchos de los conflictos han sido provocados por "asuntos de identidad étnica y religiosa, combinada con factores sistémicos relacionados con la injusticia social,

---

7 *Ibid.*, p. 422.

8 *Ibid.*, 423-428.

odios antiguos o demandas provocadas por necesidades humanas no contestadas."

Todas estas características de la globalización capitalista están a la vista, por ejemplo, en la campaña electoral actual en los Estados Unidos. Las voces políticamente conservadoras defienden el complejo industrial militar y se niegan a poner impuestos a las ganancias de los super-ricos mientras que, al mismo tiempo, disminuyen y destruyen la red social del "estado de bienestar". Las legislaturas estatales republicanas buscan de varias maneras suprimir el derecho a voto de las personas pobres, jóvenes, ancianas y de las minorías. La Corte Suprema ha declarado que las corporaciones, al igual que las personas, tienen derecho a la libertad de expresión. Esta decisión ha resultado en el pago de millones de dólares para anuncios electorales, que buscan ganancias al elegir un presidente blanco corporativo, y sacar a un presidente negro que era trabajador social comunitario. Las mu/jeres pobres, no solamente en los Estados Unidos sino alrededor del mundo, que no tendrán acceso a la planificación familiar y el aborto, sufren de esta política globalizada en contra de la mu/jer.

Mientras Aquino insiste en los aspectos negativos y destructivos de la globalización, Valentine Moghadam argumenta en *Globalization and Social Movements*[9] que la globalización es "un proceso multifacético de cambio social" que tiene efectos negativos y positivos: *la globalización desde arriba* y *la globalización desde abajo*. La globalización en

---

9 Valentine M. Moghadam , *Globalization & Social Movements: Islamism, Feminism and the Global Justice Movement* (2nd.ed. Lanham: Rowman & Littlefield Publ. 2013)

su forma capitalista neoliberal "se llama *la globalización desde arriba"*. Es

> la última etapa del capitalismo a escala mundial, que involucra la difusión del capitalismo neoliberal por medio de la inversión, el comercio y la guerra... Desde las bases capitalistas de la globalización se mantienen las desigualdades de clase, género y raza por medio de procesos de acumulación y patrones de distribución en las economías productivas, reproductivas y virtuales dentro y a través del centro, la periferia y la semi-periferia del sistema mundial.[10]

La globalización desde arriba se caracteriza por una *hiper-masculinidad* que se expresa en el militarismo, la explotación corporativa, la conquista sexual, el fanatismo religioso y una *feminidad enfatizada* "construida alrededor de adaptaciones al poder masculino".[11]

La globalización desde abajo está constituida por movimientos sociales transnacionales que se caracterizan por una movilización masiva, que une a las personas en tres o más países. Ellas son distintas de la *solidaridad internacional* o de *las redes de apoyo transnacionales*. Éstas, según Moghadam, están ligadas a la globalización pero de una manera diferente. Se hacen posibles por el uso progresivo del internet, teléfonos celulares, blogs y redes sociales como facebook y twitter. La creencia principal que inspira estos movimientos y redes es que "otro mundo es posible", y la convicción de que "primero somos seres humanos, privilegiados con la responsabilidad que tenemos los

---

10 *Ibid.*, 27.

11 *Ibid.*, 52.

unos con los otros, con las generaciones futuras y con el planeta".[12]

Moghadam resalta tres movimientos sociales transnacionales que emergieron dentro de las condiciones de la globalización neoliberal: el movimiento político islamista, el movimiento feminista o de mu/jeres y el movimiento global por la justicia, que aunque parecidos son en realidad diferentes. Mientras los movimientos islamistas buscan poder estatal, los movimientos feministas y de justicia global persiguen "cambios amplios institucionales y normativos y rechazan la violencia".[13]

El feminismo transnacional surgió al enfocar y organizarse alrededor de asuntos de la globalización neoliberal. Mary Hawkesworth define el activismo feminista global como una movilización feminista internacional que involucra a mujeres "que buscan forjar una identidad colectiva entre mujeres y mejorar las condiciones de las mujeres en más de un país y región".[14]

Esto no significa que los feminismos transnacionales hablen con una sola voz. Más bien, en interés del activismo feminista y el análisis de distintos contextos, se negocian diferencias dentro de y entre grupos, dentro de un marco general de oposición a la globalización neoliberal. Según Moghadam, el movimiento de liberación de las mu/jeres surgió en los años 1960s y 1970s dentro de fronteras nacionales. En los 1980s surgieron los movimientos

---

12 *Ibid.*, p. 9.

13 *Ibid.*, p. 13.

14 Mary Hawkesworth, *Globalization and Feminist Activism* (Lanham: Rowman & Littlefield, 2006), 27.

feministas transnacionales como resultado de los desarrollos económicos y políticos transnacionales:[15]

1. Con la transición de la política económica keynesiana a la neoliberal y la "feminización del trabajo"[16] como consecuencia en los 1980s, hubo un cambio en la forma de crear puentes y consensos entre regiones e ideologías. El resultado de este desarrollo económico globalizante fue que las mu/ jeres constituían casi la mitad de la fuerza laboral en los 1990s, pero recibían bajos salarios y luchaban con malas condiciones de trabajo, además de su tradicional labor doméstica.

2. La privatización y la desnacionalización de los mercados de trabajo y la disminución de la fuerza de trabajo en el sector público llevaron a la feminización de la pobreza.

3. El surgimiento de varias formas de fundamentalismo presionaron a los estados a imponer normas tradicionales para la familia, apretar el control sobre las mu/jeres y limitar sus derechos. Como consecuencia, emergieron grupos de feminismo transnacional para defender los derechos humanos de las mu/jeres, la justicia y la igualdad de género. Trabajaron en contra de la feminización de la pobreza, la violencia en contra de las mu/jeres, y abusos como la violación sistémica, la esclavitud sexual y el embarazo forzado.

---

15 Moghadam, p. 133-170.

16 Guy Standing, "Global Feminization through Flexible Labor," *World Development* 17/7 (1989) 1077-95 and *World Development* 27/3 (1999) 583-602.

29

4. El aumento del militarismo y la violencia reactivó el compromiso duradero de las mu/jeres por la paz. Buscaron "engendrar" el desarme nuclear, la paz y los derechos humanos, la reintegración de combatientes y personas desplazadas, la participación de mu/jeres en negociaciones por la paz, protestas en contra de la guerra y el humanitarismo feminista.

En resumen, las redes feministas transnacionales son importantes para lograr la globalización alternativa desde abajo, y lograr superar los antagonismos Norte-Sur entre los movimientos de mu/jeres. Algo que se logrará al adoptar las siguientes estrategias: 1. Crear, activar o reunirse en redes globales, 2. Participar en círculos públicos multilaterales e intergubernamentales, 3. Actuar dentro del estado para aumentar el conocimiento público de políticas sociales o militares y 4. Crear redes entre sí, especialmente por internet, que permitan que las redes feministas y activistas operen en terrenos locales, nacionales, regionales y globales. Moghadam señala que, para lograr el cambio, las redes feministas transnacionales desarrollaron marcos teórico-prácticos que inspiran y motivan a las mu/jeres de clase trabajadora alrededor del mundo: el empoderamiento de las mu/jeres, los derechos de las mu/jeres, incluyendo derechos reproductivos, la igualdad de género y la justicia de género. En breve, las redes feministas transnacionales han sido exitosas porque "su política está orientada a metas y no a identidad".[17]

Esta historia del proceso de la globalización alternativa desde abajo, levanta la pregunta de por qué la te*logía feminista y los estudios religiosos se han quedado

---

17 *Ibid.*, 170.d

estancados en las políticas de identidad de los años 80s, repitiendo una y otra vez la retórica Norte-Sur o primer mundo contra tercer mundo, en lugar de crear redes globales trans-confesionales o trans-religiosas y definir metas comunes. Una de las razones para esta política de identidad divisiva, parece estar generada por la ubicación de los estudios feministas en te*logía y religión en el ethos competitivo y los debates académicos postmodernos más que, primariamente, en grupos de mu/jeres y movimientos de diferentes comunidades religiosas.

Si la globalización neoliberal engendra movimientos fundamentalistas alrededor del mundo, entonces la te*logía feminista y los estudios en religión tienen que cambiar su enfoque de políticas de identidad. Necesitan elaborar, de forma religiosa y teológica, marcos y temas feministas transnacionales, tanto teóricos como prácticos, que inspiren y motiven a las mu/jeres de distintas culturas y religiones alrededor del mundo: el empoderamiento de las mu/jeres, los derechos humanos, incluyendo los derechos reproductivos, la igualdad de género y la justicia de género. Tenemos que desarrollar marcos teóricos y estrategias organizacionales que enfoquen estos asuntos globales de los derechos de las mu/jeres y la justicia, y expresarlos en marcos religiosos y teológicos. Esto exigiría una colaboración mucho más cercana entre eruditos de un lado, y ministros o líderes religiosos y trabajadores comunitarios del otro.

Un examen de la globalización capitalista neo-liberal exige por lo tanto, un análisis feminista crítico y un movimiento de liberación feminista trans-confesional global. Exige una reorientación de la teología feminista y estudios en religión hacia sus raíces en los movimientos de

31

liberación de mu/jeres alrededor del orbe. Las teologías feministas y estudios en religión necesitan probar y evaluar las teorías feministas y la erudición masculina en términos de la lucha contra las consecuencias devastadoras de la globalización capitalista, y en apoyo a los movimientos feministas globales que luchan por el bienestar de todas las personas sin excepción, además de luchar por el bienestar del planeta.

Los argumentos de este libro invitan a los lectores y las lectoras a unirse conmigo para desarrollar un análisis y visión convincentes, para alcanzar un movimiento feminista global y una red feminista colaborativa en estudios de religión y teología. En el *primer capítulo*, hablaré del poder como poder kyriarcal y de cómo el "poder de la palabra" de las Escrituras impacta todavía la vida de mu/jeres alrededor del mundo. El *segundo capítulo* explora la cuestión de la diversidad en discusión crítica con el "Nuevo Feminismo" o "la feminidad enfatizada", que está construida sobre la adaptación a una hiper-masculinidad y poder kyriarcal. Me enfocaré en dos conceptos cristianos esencialistas de la identidad de "mujer" y lo femenino. Lo haré a la luz del marco conceptual del kyriarcado, como un sistema de estructuras de poder piramidales e interconectadas de raza, clase, género, religión, cultura y corporalidad, que abarcan el sexo, la discapacidad, la edad, el color y otras marcas corporales.

El *tercer capítulo* busca explorar visiones teóricas y espirituales que nos permitan cuestionar, resistir y cambiar las relaciones kyriarcales de dominación global. Para tal imaginario utópico, propongo la noción de la *ekklēsia de mu/jeres*, imaginada como la asamblea democrática radical de la *cosmopolis, la basileia, el otro mundo de D**s*. Esta *cosmopolis* *diferente de Dios,* se imagina como el espacio imaginativo alternativo al mundo global creado por el neoliberalismo capitalista.

En el *cuarto y último capítulo,* no hablo de la religión en general, sino que busco responder más específicamente al *theolegein* (griego), que significa hablar acerca de lo Divino. En el argumento de todos los capítulos, pondré de relieve el concepto analítico de kyriarcado y su alternativa, la *cosmopolis,* para analizar y re-imaginar el tipo de poder que está legitimado por la religión cristiana y las Escrituras.

[Traducido por R. Mooney]

33

1

Género, Religión
y Poder Kyriarcal

Los estudios académicos de mujeres comenzaron
por designar el poder político-cultural presente
en nuestro mundo como patriarcado, que literalmente
significa el dominio del padre de la familia, pero entendido
generalmente como el dominio de los hombres sobre las
mu/jeres.[1] Sin embargo, desde mediados de 1980, esta
categoría clave del análisis feminista ha sido reemplazada
por la de género. En los años /70, los estudios académicos

---

[1] Ann Oakley, *Sex, Gender, and Society* (New York: Harper & Row, 1972;
Rosemary Radford Ruether, "Patriarchy," en: Lisa Isherwood and Dorothea
McEwan, eds., *An A to Z of Feminist Theology* (Sheffield: Sheffield Academic
Press, 1996)173-174); Sylvia Walby, *Theorizing Patriarchy (Oxford: Basil, 1990)*.
Ver por ejemplo: Ernst Bornemann. *Das Patriarchat - Ursprung und Zukunft
unseres Gesellschaftssystems.* (Frankfurt am Main: Fischer, 1991); Maria Mies.
*Patriarchy and Accumulation on a World Scale: Women in the International Division
of Labour* (New York: Palgrave, 1999); Lorraine Code, "Patriarchy", en:
Lorraine Code, ed., *Encyclopedia of Feminist Theories (London: Routledge, 2000),
378-379;* Pierre Bourdieu. *Masculine Domination.* Translated by Richard Nice.
(Stanford: Stanford University Press, 2001).

de mujeres distinguieron los roles sociales de género del
sexo biológico; para mediados de los años /80, los Estudios
de Género emergieron como una disciplina particular
de investigación que cuestiona creencias aparentemente
universales acerca de las mu/jeres[2] y los hombres, e intenta
desenmascarar las raíces culturales, societales y políticas del
género. Es interesante observar también que, la analítica
del género emerge cuando la globalización neoliberal
y el discurso académico postmodernista ganan terreno
alrededor del mundo.

Las especialistas en estudios académicos de mujeres
objetaron al principio la introducción de esta categoría
analítica, porque no articulaba más el hecho de que las mu/
jeres fuesen el punto focal del análisis feminista. Además, al
reemplazar las categorías analíticas feministas de *patriarcado*
y *androcentrismo* (ideología centrada en el varón) por la de
género, la cuestión de las relaciones de poder cambió y
a menudo se eclipsó. Género se ha convertido en una
categoría analítica junto a raza, clase, edad o colonialismo,
lo que ha conducido a un acercamiento que 'suma las
opresiones' de diversas estructuras de dominación, que
actúan una al lado de la otra y constituyen diferentes
esquemas dualistas de análisis. Esta analítica dualista de
género, también ha convertido la noción de diversidad en
un factor más, sumándola a los marcadores de dualistas de
identidad.

---

2 Escribo mu/jeres en esta forma con el fin de visibilizar el hecho de que
personas marcadas como mu/jeres no tienen una esencia en común, y son
sumamente diversas, y también con la idea de combatir el lenguaje marcado
por el género que usa men (hombres) pero no mu/jeres como un marcador
genérico inclusivo.

Género³

La palabra *género* se deriva del latín *gener* (género, nacimiento, raza, especie, sexo), y ha sido tradicionalmente referida a un rasgo gramatical distintivo de las lenguas indoeuropeas para clasificar sustantivos, pronombres y modificadores en grupos arbitrarios (masculino, femenino, neutro). Un significado más reciente de la palabra la asocia o equipara a la de sexo biológico.

En las sociedades Occidentales se considera que existen dos sexos –masculino y femenino-. Ellos son comprendidos usualmente, en una forma esencialista, como mutuamente excluyentes y, en el mejor de los casos, como complementarios: una persona es mujer u hombre pero no ambas. Las palabras *hombres* y *mu/jeres* connotan agentes sociales, mientras que *masculino* y *femenino* o *varón* y *hembra* expresan ideales culturales y religiosos, valores y estándares apropiados al género de la persona. El constructo cultural de *masculino* y *femenino* o *varón* y *hembra,* constituye el sistema Occidental de género/sexo que determina sexo en términos de género, y construye mundos simbólicos en térmi-

3 Compañeras de diálogo en este capítulo son: Marjorie Agosín, ed. *Women, Gender, and Human Rights: A Global Perspective* (Rutgers: Rutgers University Press, 2001); Dennis Baron, *Grammar and Gender.*(New Haven: Yale University Press, 1986). Hadumond Bussmann and Renate Hof, (eds). *Genus. Geschlechterforschung/ Gender Studies in den Kultur- und Sozialwissenschaften. Ein Handbuch* (Stuttgart: A. Kröner Verlag, 2005); Judith Butler. *Gender Trouble: Feminism and the Subversion of Identity.* (New York: Routledge), 1990; Judith Butler. *Undoing Gender* (New York, 2004); Teresa De Lauretis, *Technologies of Gender.*(Bloomington: Indiana University Press, 1987); Bell Hooks. *Yearning: Race, Gender, and Cultural Politics* (Boston: South End Press, 1990); Judith Lorber. *Paradoxes of Gender* (New Haven: Yale University Press, 1990); Stephen D. Moore y Janice Capel Anderson, eds. *New Testament Masculinities.* Semeia Studies (Atlanta: SBL, 2003) y mi artículo: "Gender, Sprache und Religion: Feministisch –Theologische Anfragen." In *Erträge. 60 Jahre Augustana.* (Neuendettelsau: Augustana Hochschule e.V., 2008): 83-90.

nos de valores de género. Género no es por tanto algo *dado* por la biología o por una divinidad, sino un constructo socio-político, un principio de clasificación que genera significados psicológicos, sociales, culturales, religiosos y políticos, y estructuras de identidad sexual y biológica.

Si uno no distingue entre sexo como algo biológicamente dado y género como un constructo cultural, sino que ve ambos, sexo y género como constructos socio-políticos, se puede analizar el sistema global de sexo/género como una estructura cultural y simbólica de representación que se ha llegado a convertir en una especie de sentido común. Como una estructura ideológica, el género naturaliza activamente el sistema.

El lenguaje de género en cambio, expresa relaciones de poder y reinscribe las presunciones culturales y religiosas de género. Los lenguajes y discursos androcéntricos occidentales no sólo marginalizan a las mu/jeres o las eliminan de su memorias históricas. Como lenguajes kyriocéntricos (del griego *kyrios*, que significa emperador, señor, amo del esclavo, esposo, y del griego *archein* que significa gobernar o dominar), ellos también construyen el significado de ser mujer o ser hombre, diferentemente. Por lo tanto, los estudios feministas en general y los estudios religiosos en particular, nos plantean un problema lingüístico: la función perturbadora del lenguaje kyriocéntrico.

El lenguaje gramaticalmente masculino funciona como el así llamado lenguaje genérico. Esta convención del lenguaje obscurece la presencia de las mu/jeres. Las mu/jeres son subsumidas bajo un tipo de lenguaje masculino, tal como en el caso de los términos ciudadanos, presidentes, directores, que representa no solo un lenguaje masculino, pero un lenguaje kyriocéntricamente determinado. Con el propósito de hacer consciente la violencia lingüística del así llamado lenguaje genérico centrado en el varón, yo uso el término "Mu/jeres" y no el término "hombres" en una forma inclusiva. Sugiero que cuando se lee mu/jeres se debe entender en un sentido genérico inclusivo. En inglés mu/jeres (wo/men) incluye a los hombres (men), ella (she) incluye a él (he), y hembra (fe/male) incluye al varón (male) sin embargo, este juego de palabras es posible solamente en inglés y no en español o alemán, lo que hace esta forma de hablar y escuchar genéricamente inclusiva muy difícil.

Los estudios feministas de lenguaje han propuesto que los sistemas de lenguaje kyriocéntricos en Occidente (es decir centrados en el varón, padre, señor, amo), entienden el lenguaje tanto en forma genérica como en forma específica de género. Las mu/jeres deben pensar siempre al menos dos veces, sino tres, y decidir si nosotras estamos implicadas o no por los así llamados términos genéricos, tales como "hombres, humanos, costarricenses".

Usar mu/jeres como un término genérico inclusivo invita a los lectores masculinos a aprender a como "pensar dos veces", y experimentar lo que significa no ser aludidos explícitamente. Dado que las mu/jeres tenemos que decidir siempre si estamos aludidas o no, considero un buen ejercicio espiritual para los hombres, adquirir la misma sofisticación y aprender como involucrarse en el mismo proceso hermenéutico de "pensar dos veces", y preguntarse si ellos están implicados cuando hablo de mu/jeres. Dado que de acuerdo a Wittgenstein, los límites de nuestro lenguaje son los límites de nuestro mundo, tal cambio en los patrones del lenguaje es un paso muy importante hacia la comprensión de una nueva consciencia feminista.

Sin embargo, no debe pasarse por alto que el significado del marcador mujer es inestable y cambiante: no depende tanto de su relación de sexo y género, como del contexto sociopolítico de tiempo y espacio en el que éste es empleado. Por ejemplo, el término mujer es utilizado hoy de modo intercambiable con el de femenino, y así se ha convertido en un término genérico basado en el sexo, aunque hasta hace poco era aplicado solamente a las mujeres de clase baja. Se puede percibir la ambigüedad histórica del término mujer más fácilmente, si uno lo compara con el de dama, un apelativo que fácilmente revela su sesgo colonial de raza y clase. El término dama no ha sido restringido solamente a mu/jeres de clase alta y educación refinada, sino que simboliza la verdadera feminidad. Una afirmación tal como "los esclavos no eran mu/jeres" ofende nuestro sentido común, mientras que una afirmación tal como "los esclavos no eran damas" tiene perfecto sentido.

La dama, la dueña de esclavos y la madre son "la otra" del señor, el amo de esclavos y el padre. Todas las otras mu/jeres son marcadas como inferiores por raza, clase, religión o cultura y, como "las otras" de "el otro", no son mencionadas del todo. Se puede ilustrar como funciona este lenguaje supuestamente genérico con referencia, por ejemplo a anuncios publicitarios en los que leemos cosas tales como: "la universidad X es una institución de acción afirmativa, y recibe solicitudes de africanos, asiáticos, hispanos, nativo-americanos y mu/jeres", como si estos tipos de personas fuesen todos varones, y las mu/jeres tuviesen solo vínculo de género pero no perten=ciesen a ningún grupo minoritario étnico o racial. Las mu/jeres africanas, asiáticas, hispanas o nativo-americanas son por lo tanto doblemente invisibilizadas en los sistemas de lenguaje de género.

Las clasificaciones sociopolíticas de género como las gramaticales, no siempre corresponden a la clasificación biológica de sexo. Los antropólogos han señalado que no todas las culturas y lenguajes conocen solamente dos géneros o sexos, y los historiadores del género han señalado que aún en la cultura Occidental el sistema de género-sexo dual es de origen moderno. Thomas Laqueur[4] por ejemplo, ha sostenido que un cambio decisivo tuvo lugar en la modernidad: un cambio del antiguo modelo de un sexo al presente modelo dicotómico de dos sexos. Se creyó en algún tiempo que las mu/jeres tenían el mismo sexo y genitales de los varones, excepto que las mu/jeres lo tenían dentro de sus cuerpos, mientras que los varones lo tenían fuera de él. En este modelo de un sexo, la vagina fue entendida como un pene interior; los labios vaginales como un prepucio; el útero, como una especie de escroto y los ovarios como testículos. No el sexo biológico sino el género, era la categoría primaria que determinaba el orden de las cosas.

Lo que significaba ser hombre o mujer en el antiguo modelo de un sexo, era algo determinado por el rango social y por el lugar ocupado en la familia, no por los órganos sexuales. En su condición de hombre libre o mujer esclava, una persona cumplía con el rol cultural que era propio de su estatus social, pero esto no era pensado como

---

4 Thomas Laqueur. *Making Sex. Body and Gender from the Greeks to Freud* (Cambridge: Harvard University Press, 1990).

41

algo que pertenecía a uno de dos sexos inconmesurables. No era el sexo sino el estatus social de un varón libre de élite, propietario y cabeza de familia, lo que determinaba su estatus de género superior. Por ello, en la antigüedad no hubo necesidad de recurrir a la diferencia sexual para justificar la pretensión de que las mu/jeres nacidas libres eran inferiores a los varones nacidos libres. Más bien, por el hecho de que las mu/jeres nacidas libres eran subordinadas, su "naturaleza" se consideraba inferior.

El modelo de dos sexos (la noción de que hay dos sexos opuestos y estables), emerge a partir de la Ilustración del siglo XVIII. Se creía comúnmente que la vida económica, política y cultural de las mu/jeres y los varones, así como sus roles de género, estaban basados en dos sexos que eran biológicamente dados. Del mismo modo que en la antigüedad el cuerpo era visto como un reflejo del orden cósmico, en la modernidad el cuerpo y la sexualidad eran vistos como representando y legitimando el orden socio-político. Los cambios políticos y sociales introducidos por la modernidad produjeron el paso del modelo de un sexo al modelo asimétrico de dos sexos, del mismo modo que se engendraron teorías de inferioridad racial. Dado que las declaraciones de la Ilustración acerca de la democracia y la igualdad, excluían a las mu/jeres nacidas libres y a los varones subordinados de una ciudadanía plena, se requería de nuevos argumentos si los varones libres de élite iban a justificar la exclusión de las mu/jeres de élite del dominio público.

La promesa de la democracia, de que las mu/jeres y los varones privados de sus derechos civiles eran ciudadanos plenos, generó nuevos argumentos antifeministas basados en la naturaleza, la fisiología, y la ciencia. Aquellos que se oponían a la participación democrática de mu/jeres libres, por ejemplo, buscaron evidencia en la ineptitud física y mental de estas para la esfera pública, argumentando que los cuerpos y la biología de las mu/jeres no las hacía aptas para participar en tales actividades. Los mismos argumentos fueron dados respecto de los varones subordinados y los pueblos colonizados.

La teoría de ámbitos separados para varones y mu/jeres surgió junto con el modelo de género de sexo dual. En los discursos de la Ilustración, las mu/jeres de élite no eran vistas más como hombres disminuidos, sino como totalmente diferentes de y complementarias a los varones, como seres de una "raza más pura", como una "especie angélica", menos afectada que los varones por los impulsos y los deseos sexuales. Con las mu/jeres excluidas de la nueva sociedad civil, las diferencias físicas y morales entre los varones y las mu/jeres fueron concebidas de tal modo que las mu/jeres de élite y los pueblos subordinados fueron excluidos de los ámbitos de decisión política. Dos géneros-sexos inconmesurables fueron el resultado de estas prácticas ideológicas. Sin embargo, no debe pasarse por alto que estos constructos de identidad de género aplican, primariamente, a las élites burguesas de varones y mu/jeres.

En resumen, el género es tanto una institución socio-política como una representación ideológica. El supuesto de que las diferencias de género-sexo son naturales, funciona como un marco pre-construido de significado para individuos e instituciones culturales. Al presentar un sistema de género-sexo masculino y femenino como universal, este marco pre-construido de significado obscurece la realidad de que, la misma noción de dos sexos es un constructo sociopolítico para mantener la dominación más que una esencia biológica. No todas las culturas conocen dos sexos ni tienen lenguajes marcados por el género. Las diferencias sexuales dependen de prácticas de comunicación socioculturales y pueden ser por lo tanto, desarrolladas diferentemente o modificadas.

Los trabajos feministas contemporáneos sobre género, intentan desenmascarar los juegos políticos de este modelo de género-sexo actual. Teresa de Lauretis, por ejemplo, sostiene que el género es el producto de varias terminologías sociales, de discursos institucionales, y de prácticas de la vida diaria. El género como un constructo sociocultural no connota una realidad biológica, antropológica o sicológica dada, sino un marcador semiótico que asigna significado a los individuos dentro de una sociedad.

Los individuos reconocen el género y atribuciones de género apropiadas porque son reales para ellos. Así, el género no es sólo un producto y un proceso de representación, sino también de auto-identidad. El reconocimiento de la misma participación de las mu/jeres en la construcción de género, hace posible ver que el género puede ser también deconstruido o construido diferentemente. Entender el género como producto y como proceso, hace posible para la teoría feminista analizar la masculinidad y la feminidad cultural con la idea de modificarlas.

Las expectativas de género comúnmente aceptadas, definen géneros reconocidos socialmente en una sociedad dada. La división del trabajo basada en el género asigna el trabajo de acuerdo al género, mientras que el parentesco explica los derechos familiares y las responsabilidades propias para cada género. Las normas de género prescriben conductas y asignan prerrogativas. Los controles sociales, que gratifican conforme al comportamiento y estigmatizan las conductas aberrantes, producen personalidades que responden a los dictados culturales de género. Finalmente, la imaginería e ideología de género, las representaciones culturales de género en las producciones artísticas, el lenguaje simbólico y su reforzamiento por medio de la ley, las costumbres y la religión, legitiman y fundamentan los estatus de género dominantes.

Por ejemplo, el ethos moderno de la feminidad, que prescribe que las "buenas" mu/jeres realizan trabajos no pagados tanto dentro como fuera de la familia, inculca el amor desinteresado, la preocupación abnegada y el amor bondadoso como virtudes femeninas. El ethos de la "verdadera feminidad" define la naturaleza de la mujer como "siendo para otros", en un tipo de maternidad espiritual o factual. Mientras que los varones son medidos por los estándares masculinos de auto-asertividad, independencia, poder y control, las mu/jeres son llamadas a cumplir con su verdadera naturaleza y destino en el auto-sacrificio, el amor protector y la maternidad. La socialización cultural de las mu/jeres para una feminidad desinteresada y para una auto-negación altruista, es reforzada y perpetuada por la predicación cristiana del amor auto-sacrificial y del servicio humilde.

Aunque la masculinidad y la feminidad son supuestamente, biológicamente dados, éstas son en realidad normas culturales sostenidas por sanciones sociales e impuestas por procedimientos médicos. En la antigüedad, por ejemplo, los trabajos domésticos eran vistos como propios de la naturaleza de esclavos y siervos. En la modernidad, la idea se construye como un ideal femenino propio a la naturaleza de las mu/jeres. El trabajo político público en cambio, es conceptualizado como masculino, propio a la naturaleza de los varones. La separación entre una esfera pública del varón y una privada del dominio de la mujer, tiene su raíz en un sistema económico que frecuentemente deja destituidas a familias conducidas por mujeres, una realidad que ha tenido devastadores efectos, especialmente en las mu/jeres y los niños, no sólo de países en desarrollo sino también industrializados.

El género como una estructura de identidad individual descansa en la atribución de un cierto sexo, desde el nacimiento o aún antes de él. La identidad de género implica un sentido de sí mismo; determina el estatus marital y procreativo tanto como la orientación sexual que modela los deseos sexuales, los sentimientos y las identificaciones. El resultado de ello es una personalidad de género heterosexuada conformada por patrones socialmente normativos, y por emociones inculcadas por medio de estructuras familiares y educación.

Finalmente, las prácticas de género interiorizan conductas de género socialmente aprendidas, información sexual e interacción y socialización de género, mientras que manifestaciones de género presentan al sí mismo, como una persona masculina o femenina por medio del vestido, los cosméticos, el control de peso y otros regímenes corporales. Así, el estatus de "segunda clase" de las mu/jeres es alcanzado no por la fuerza, sino por medio de la socialización individual y por las prácticas culturales de la feminidad. La religión ha jugado un rol mayor en la construcción y legitimación simbólica de tales relaciones de género naturalizadas.

Religión y género[5]

Las teologías feministas y los estudios de género en religión han buscado generar un cambio de paradigma en la forma en la que la religión y los textos, las tradiciones y las comunidades religiosas, han sido vistas y estudiadas. Ellos han buscado transformar la tradición al reconsiderar críticamente una serie de premisas propias de la disciplina, los métodos y la epistemología, así también como a través de una re-imaginación creativa y una transformación de los discursos y las instituciones religiosas. Han buscado re-descubrir y elaborar la subjetividad de las mu/jeres dentro de las historias religiosas y las comunidades contemporáneas. En tanto que la teoría feminista ha revelado la codificación de género de todo conocimiento, los estudios en religión han sido capaces de mostrar la dimensión de género del conocimiento y las instituciones religiosas. Las especialistas en estudios feministas en el ámbito de la religión, han empleado teorías de género para comprender el estatus de segunda clase de las mu/jeres en la religión.[6]

---

5 Ver especialmente el excelente trabajo de Mireya Baltodano, Gabriela Miranda García, Elisabeth Cook (eds.), *Género y Religión* (San José, Costa Rica: Universidad Bíblica Latinoamericana, 2009). Ver Durre S.Ahmed, ed., *Gendering the Spirit: Women, Religion, and the Postcolonial Response* (New York: Palgrave, 2002); Elizabeth A. Castelli (ed.), *Women, Gender and Religion. A Reader* (New York: Palgrave, 2001); Rebecca S. Chopp, *The Power to Speak: Feminism, Language, and G*d* (New York: Crossroad, 1989). Darlene M. Juschka, (ed.), *Feminism in the Study of Religion: A Reader* (New York: Continuum 2001).

6 He estado sorprendida por la acogida entusiasta del análisis de género entre teólogas feministas en América Latina, en un tiempo en el que en EUA ha surgido la crítica al análisis de género en favor de un análisis interseccional. Sin embargo, este fenómeno resulta comprensible si se toma en cuenta que el marco intelectual del análisis de género en América Latina era la te*logía de la liberación, que renuncia al análisis de género, mientras que la te*logía feminista en EUA y Europa se basa en estudios de género y de la mujer.

En muchas religiones, los varones y la masculinidad son asociados con la divinidad y lo transcendente, mientras que las mu/jeres y la feminidad son vistos como inmanentes, impuros, profanos, malignos y pecaminosos. Muchas tradiciones religiosas tales como el Judaísmo, el Cristianismo, el Islam, el Hinduismo, el Taoísmo o el Budismo, emplean oposiciones binarias de género para construir sus universos simbólicos. La deidad (Yahweh, Allah o Cristo), es entendida no solamente como masculina, sino también como gobernante todopoderoso y juez, mientras que las mu/jeres son asociadas al pecado, la muerte y el sexo (Eva, Lillith o Kali). Los varones han sido, y son aún, representantes de la divinidad y líderes religiosos en la mayoría de las religiones del mundo. Las mu/jeres en cambio, han sido excluidas del liderazgo religioso, de la enseñanza oficial y de los ritos sagrados.

Dado que los sistemas de símbolos religiosos están fuertemente cargados con terminología masculina, ellos refuerzan conceptos y roles culturales de género, y los legitiman como ordenados por Dios o como perteneciendo al "orden de la creación". Como Judith Plaskow ha argumentado, los teólogos cristianos varones han formulado conceptos teológicos en términos de su propia experiencia cultural, insistiendo en un lenguaje masculino para hablar de Dios, y para la construcción de un universo simbólico en el que las mu/jeres no están presentes. Observaciones similares pueden hacerse acerca de otras religiones mundiales.[7]

---

7 Plaskow, Judith. *Sex, Sin, and Grace: Women's Experience and the Theologies of Niebuhr and Tillich* (Washington: University Press of America, 1980).

Desde la Revolución Industrial en Europa y Estados Unidos a inicios del siglo XIX, la religión ha sido excluida del ámbito de lo público y relegada a la esfera privada de la piedad individualista, de las obras de caridad, y del cultivo de la vida hogareña y la familia. La religión ha sido culturalmente feminizada, mientras que su liderazgo ha permanecido siendo predominantemente masculino. Sin embargo, tanto la religión como las mu/jeres han sido cruciales en la conformación de la identidad Occidental. Por ejemplo, en tanto que "religión misionera", el cristianismo ha tenido la misma función que la "Dama Blanca", a saber: la de "civilizar salvajes", que eran entendidos como siendo de una naturaleza indomada, aún.

Los estudios sobre las mu/jeres bíblicas o los estudios de género asumen, generalmente de un modo no intencional, una comprensión esencialista de la mujer, y a menudo no reconocen que el género es siempre flexionado por la raza, clase, edad, sexualidad, imperialismo y otras estructuras de poder. Si es ese el caso, se debería descartar la idea de desarrollar un análisis feminista en términos de la categoría "mujer", y renunciar a la categoría de "mujer en la Biblia", o un acercamiento bíblico a la mujer. La tradición intelectual inaugurada en el siglo XIX por la obra de Elizabeth Cady Stanton's *Woman's Bible*, y que se concentra en textos bíblicos acerca de la mujer, necesita ser interrumpida más que continuada.[8] Este énfasis en "la mujer", trabaja consciente o inconscientemente con una noción esencialista de "mujer", que es culturalmente elaborada en la imagen de la muñeca Barbie: la "Dama Blanca". Esta imagen de la mu/jer ideal, es propagada

---

8 Ver Elisabeth Schüssler Fiorenza, *Searchig the Scriptures* para un intento de lograr esto.

por los medios de comunicación, no sólo en los países occidentales sino alrededor del mundo, y debe ser críticamente analizada (haré esto en el segundo capítulo).

Académicas feministas insisten en que los textos y las tradiciones religiosas deben ser reinterpretados de tal modo que las mu/jeres y otras "no personas" puedan alcanzar una ciudadanía plena, tanto en el ámbito de la religión como en el de la sociedad, así como un acceso pleno a los poderes de toma de decisiones, y aprender cómo dar vida a una igualdad radical en las comunidades religiosas. Ellas sostienen que las diferencias de género, sexo, raza, clase y etnicidad son construidas socioculturalmente y no queridas por Dios, y deben por lo tanto ser modificadas. Dios, que creó a las personas a imagen divina, ha llamado de un modo diferente a cada persona, y éstas deben tener la capacidad de hallarse a sí mismas entre y en medio de aquellos otros seres humanos que han sido creados como iguales.

Reemplazar el modelo religioso de sexo dual con el de la imagen divina que no es masculina ni femenina, blanca o negra, rica o pobre, sino multicolor y de género múltiple, abriría la posibilidad de moverse más allá del monismo masculino del modelo de un sexo, y del dualismo asimétrico de un sistema de género-sexo. Tal proceso ofrece la posibilidad de deconstruir el género, y de modelar la identidad y la comunidad a partir de la imagen llena de matices de la divinidad en nuestro medio.

Interseccionalidad

Dado que los estudios de género y de las mu/jeres han tendido a focalizarse en el poder masculino sobre el femenino, y no en la raza, clase, heteronormatividad, colonialismo u otras estructuras de dominación, es necesario un nuevo modo de análisis. Si se toman en cuenta la raza y el colonialismo, entonces el dualismo de género masculino-femenino es transpuesto a los dualismos "mu/jeres del primer mundo - mu/jeres del tercer mundo", "mu/jeres blancas - mu/jeres de color". Así, el marco de identidad de género dualista engendra una dicotomía entre el espacio "mu/jeres blancas/mu/jeres primer mundo", y el espacio "mu/jeres de color / mu/jeres del segundo o tercer mundo". Las políticas de identidad pretenden que las feministas blancas del primer mundo, sólo pueden hablar acerca de mu/jeres blancas del primer mundo y en nombre de mu/jeres blancas del primer mundo, mientras que las mu/jeres de color del segundo y tercer mundo, están llamadas a formar coaliciones y ser consideradas capaces de hablar por todas las mu/jeres del así llamado segundo y tercer mundo. Académicas feministas en religión y teólogas, según este argumento, no pueden sino articular bien una te*logía y hermenéutica "blanca del primer mundo", o bien una te*logía y hermenéutica de las "mu/jeres de color del tercer mundo".

De cara a tal política de identidad discursiva conceptualizada en términos de género, he argumentado repetidamente que la identidad no está constituida solamente por el género, sino también por ejemplo, por el estatus migratorio, la clase, la educación, la nacionalidad, la sexualidad, la discapacidad, la raza, la religión y otros factores. De allí que la identidad debe ser vista como algo múltiple, y conformada por la intersección de diversas estructuras de dominación. No se puede asumir que la identidad de las mu/jeres es la misma en el caso de las mu/jeres de color y de las mu/jeres blancas.

Si las mu/jeres no están determinadas solamente por el género sino también por la raza, la clase, la

51

heteronormatividad, el imperialismo y muchas otras de tales estructuras de dominación, es necesario desarrollar un análisis crítico que sea capaz de deconstruir el paradigma cultural global de la "Dama Blanca" y de las estructuras de poder que ella encarna.

Los científicos del siglo XIX propusieron categorías como las de mu/jeres, la de "razas inferiores", la de sexualidad pervertida, la del criminal, el pobre urbano y la persona demente, como razas "biológicamente aparte". Sus diferencias respecto del varón blanco, y su semejanza entre sí, explicaba su posición inferior en la jerarquía social. En este esquema, las razas inferiores representaban el aspecto femenino de la especie humana, y las mu/jeres representaban la raza inferior del género. De allí que es importante ver el género como una entre diversas estructuras de dominación, construidas en aras de la división del poder y la riqueza por sexo, condición económica, raza, cultura, nacionalidad y religión.

De este modo, la teoría y práctica feministas tienen como tarea, no solo desestabilizar el marcador esencialista mujer y género, sino también aquellos de heteronormatividad, raza, clase, colonialismo, discriminación por edad, discapacidad y otros marcadores de deshumanización. Debe preocuparse no solo con relaciones de poder patriarcales, sino también con aquellas relaciones de poder kyriarcales presentes en las Sagradas Escrituras y en las tradiciones religiosas. Es por ello que un análisis de género dualista no basta en el ámbito de los estudios bíblicos y religiosos, porque el género kyriarcal ha sido construido en la antigüedad en términos del estatus de un Señor (kyrios) o Señora (kyria) nacidos libres, y en tiempos modernos ha sido construido en términos de clase, colonialidad[9] y estatus de raza. En consecuencia, se hace necesario un análisis interseccional.

Dicho brevemente, es crucial reconocer que el género como una práctica de superioridad e inferioridad sicológica y socio-política, es solamente una de varias atribuciones sociales que definen la identidad y promueven la explotación de las mu/jeres. Si se comprende que el género está interconectado con la raza, la clase, la edad, la religión, la preferencia sexual y la etnicidad, se es capaz de desmitificar oposiciones binarias de género.

La conceptualización del género como una práctica que produce diferencias de sexo ligadas a aquellas de raza, clase, preferencia sexual, cultura, religión, edad y nacionalidad, permite ver que las mu/jeres individuales no están marcadas simplemente por la categoría de género. Más bien, la intersección de raza, clase, heterosexualidad, nación y religión definen qué significa ser una "mu/jer" en contexto culturales y socio-políticos específicos.

Teorías críticas de raza, diversas expresiones de feminismo y teorías post-coloniales han confluido para desarrollar el análisis de interseccionalidad, como un instrumento para analizar la compleja situación de la dominación global y para demostrar que las estructuras de heteronormatividad, género, raza y clase están inseparablemente relacionadas.[10] Sin embargo, estas

---

9 Para esta noción ver: María Lugones, "Heterosexualism and the Colonial Modern Gender System" Hypatia 22/1 (2007) 186-209 y: "Toward a Decolonial Feminism" Hypatia 25/4 (2010) 742-759.

10 Lyn Weber, *Understanding Race, Class, Gender, and Sexuality. A Conceptual Framework* (2nd. Edition; New York: Oxford University Press, 2010), p.v. Ver también: Helma Lutz, María Theresa Herrera Vivar, Linda Supik, eds.,

estructuras son vistas generalmente como actuando una al lado de la otra, pero no han sido integradas para conformar un análisis kyriarcal interseccional crítico.

El término interseccionalidad fue acuñado por la jurista Kimberly Crenshaw e implica "la noción de que la subjetividad está constituida por vectores de raza, género, clase, sexualidad e imperialismo que se multiplican mutuamente".[11] La teoría de la interseccionalidad ha sido articulada en forma tripartita: como una teoría de la subjetividad marginalizada, como una teoría de la identidad y como una teoría de la matriz de opresiones.

En la primera iteración, la teoría interseccional refiere solamente a sujetos marginalizados de múltiples formas; en la segunda, la teoría busca iluminar como la identidad es construida en la interacción de raza, género, clase, sexualidad e imperialismo; la tercera iteración destaca la teoría interseccional como una teoría de estructuras y espacios de opresión. Raza, sexo, género, clase e imperialismo son vistos como vectores de poder dominante que crean procesos sociales constitutivos y engendran a su vez, una simultaneidad diferenciada de dominaciones y subordinaciones.

Un análisis feminista crítico interseccional no entiende la dominación como un sistema dualista ahistórico y esencialista. En lugar de ello, articula el kyriarcado como un concepto heurístico (derivado del griego, que

---

Focus Intersektionalität. Bewegungen und Verortungen eines vielschichtigen Konzepts (Wiesbaden: VS Verlag, 2010); Nina Lykke, *Feminist Studies: A Guide to Intersectional Theory, Methodology and Writing* (New York: Routledge, 2010).

11 Jennifer C. Nash, "Rethinking Intersectionality," *Feminist Review* 89/1 (2008) 3.

significa "encontrar"), o como un instrumento analítico
de diagnóstico que posibilita investigar la interactividad
multiplicativa de género, raza, clase y estratificaciones
imperiales, al mismo tiempo que analizar sus inscripciones
discursivas y reproducciones ideológicas. Destaca
además, que las personas habitan las diversas posiciones
estructurales cambiantes de raza, sexo, género, clase y
etnicidad al mismo tiempo. Si la posición de un sujeto de
dominación se hace privilegiada, esto constituye un punto
nodal. Mientras que en un momento histórico particular,
la clase o el imperialismo pueden ser las modalidades
primarias mediante las cuales se experimenta la clase, el
género o la raza, en otras circunstancias el género puede ser
la posición privilegiada por medio de la cual se experimenta
la sexualidad, el imperialismo, la raza y la clase.

Los teóricos interseccionales usualmente conceptualizan las estructuras de dominación ideológica y social como
jerárquicas, con el fin de hacer visible la compleja interconectividad de las posiciones de estatus conflictivo de diferentes mujeres. Sin embargo, yo argumentaría que el término "jerarquía" para tal sistema de dominación piramidal
es un nombre equivocado, dado que apunta solamente a
una forma específica de "poder sobre", a saber, el poder
que es sancionado religiosamente como sagrado jerarquía:
(derivado del griego: *hieros* = sagrado/santo, y *archein* =
gobernar, dominar). Por ello, he propuesto reemplazar las
categorías de patriarcado, género y jerarquía por el neologismo de kyriarcado.[12] Sugiero que las diversas articulaciones emancipatorias de feminismo, podrían trabajar juntas

12 Para un desarrollo más completo de kyriarcado/kyriocentrismo, ver mi
introducción: "Toward an Intersectional Analytic: Race, Gender, Ethnicity,
and Empire in Early Christian Studies", en: Laura Nasrallah and Elisabeth

para adoptar un análisis crítico interseccional de dominación global entendido como kyriarcado.[13]

Kyriarcado[14]

El neologismo kyriarcado, entendido como un sistema degradado de dominaciones es derivado, por una parte, del término griego *kyrios* (en latín *dominus*) -el señor, amo de esclavos, padre, esposo, varón nacido libre, con propiedades y a quién todos los miembros de la familia le están subordinados y por quién ellos son controlados- y, por otra parte, el verbo *archein* –gobernar, dominar, controlar.

En la antigüedad clásica, en el contexto histórico cultural de las religiones bíblicas, estos términos referían al gobierno del emperador, señor, amo de esclavos, esposo, el caballero educado, con propiedades, perteneciente a una élite libre, y a quién los hombres y todas las mu/jeres sin derechos le estaban subordinados. En la antigüedad, el sistema socio-

---

Schüssler Fiorenza, eds. *Prejudice and Christian Beginnings* (Minneapolis: Fortress, 2009).

13 Para el primer desarrollo de este análisis, ver mi libro: *But She Said: Feminist Practices of Biblical Interpretation* (Boston: Beacon Press, 1992), 103–132 y Elisabeth Schüssler Fiorenza. "Religion, Gender and Society: Shaping the Discipline of Religious/Theological Studies." páginas 85–99 en: *The Relevance of Theology*. Edited by Carl Reinhold Bråckenhielm y Gunhild Winqvist Hollman. Uppsala, Sweden: Uppsala Universitet, 2002. Mientras que la noción de kyriarcado no ha sido extensamente discutida en trabajos teóricos feministas, ha generado una amplia discusión entre jóvenes feministas en internet. Ver por ejemplo: http://myecdysis.blogspot.com/2008/04/accepting-kyriarchy-not-apologies.html; http://www.deeplyproblematic.com/2010/08/why-i-use-that-word-that-i-uae.html.

14 Ver también mis libros: *The Power of the Word: Scripture and the Rhetoric of Empire*. Minneapolis, MN: Fortress Press, 2007 y *Democratizing Biblical Studies: Toward an Emancipatory Educational Space*. (Louisville, KY: Westminster John Knox Press, 2009).

político del kyriarcado fue institucionalizado, bien como imperio o bien como una forma política de gobierno democrático que excluía a todos los nacidos libres y a las mu/jeres esclavas, de la ciudadanía plena y de la esfera de aquellos poderes que tomaban decisiones.

En el siglo IV a.e.c., el filósofo griego Aristóteles argumenta que el hombre griego libre, educado y con propiedades, era el más elevado de los seres morales, y que todos los otros miembros de la raza humana estaban definidos por sus funciones al servicio de éste. Las sociedades kyriarcales necesitan una "clase sirviente" o personas sirvientes, sean estos esclavos, siervos, servidores domésticos, kuláks o nodrizas. La existencia de una "clase sirviente" de género es mantenida por medio de la ley, la educación, la socialización y la violencia bruta. Esta se sostiene por la creencia de que los miembros de dicha "clase sirviente" son, por naturaleza o por un decreto divino, inferiores a aquellos a quienes ellos están destinados a servir.

La filosofía política continúa asumiendo que la condición del varón occidental que pertenece a una élite educada y con propiedades está definida por la razón, la autodeterminación y la ciudadanía plena, mientras que las mu/jeres y otros pueblos subordinados son definidos por la emoción, el servicio y la dependencia. Estos últimos no son vistos como adultos racionales y responsables, sino como niños indefensos y emotivos, "como bestias de carga" y como objetos sexuales. Estos prejuicios han sido mediados por tradiciones teológicas cristianas, y han determinado formas kyriarcales modernas e ideologías de democracia. La comprensión moderna (y post-moderna) de la racionalidad y del mundo, han sido articuladas por varones blancos, europeos y estadounidenses, pertenecientes a una élite educada. Estos varones han definido no solo a las mu/jeres blancas como otros, pero han visto también a todos los otros de los otros como "ciudadanos de segunda clase" carentes de cualidades humanas.

El kyriarcado global es teorizado mejor como un complejo sistema piramidal de intersección social multiplicativa y de estructuras religiosas de subordinación y superordinación, destinado a gobernar y oprimir. Las relaciones kyriarcales de dominación son establecidas sobre la base de privilegios y derechos de propiedad de una élite de varones, al mismo tiempo que sobre la explotación, la dependencia, la inferioridad y la obediencia de las mu/jeres. Tales relaciones kyriarcales están en vigor aún hoy día en las intersecciones multiplicativas de clase, raza, género, etnicidad, imperio y otras estructuras de discriminación en nuestras vidas.

Hannah Arendt ha trazado los orígenes del concepto de democracia a la antigua polis griega -la ciudad estado griega de la cual nuestra palabra política se deriva. La política podía ser practicada solamente por una élite de caballeros que se habían liberado del trabajo necesario para las necesidades de la vida. La democracia descansaba en la distinción entre la casa como ámbito de la necesidad, y el espacio público de la polis (la ciudad-estado), donde los hombres libres descubrían quiénes eran, y definían su individualidad unos con la ayuda de los otros. En contraste con la casa, entregada a la necesidad y a la economía, la política era el espacio de la libertad.[15]

---

15 Hannah Arendt, "What is Freedom?". *Between Past and Future: Eight Exercises in Political Thought* (New York: Penguin, 1993).

Sin embargo, Arendt no teoriza sobre el kyriarcado, ni critica el hecho de que aquellos individuos que podían involucrarse en el ámbito de lo político tenían que ser varones ciudadanos libres y con propiedades, llamados kyrioi, que eran al mismo tiempo cabezas de familias que incluían mu/jeres libres, niños y mu/jeres esclavos sujetos a ellos.[16] La casa como un espacio de necesidad era por lo tanto un espacio de dominación. La libertad, en el sentido clásico de la política occidental, era ejercida solamente por hombres libres con propiedad. Era solamente el kyrios, dominus, caballero, quien era un ciudadano libre. La democracia de tipo occidental imita esta estructura kyriarcal de la democracia griega, que ha sido construida sobre la dominación y la esclavitud de los miembros del estado y la casa. La perspectiva de las mu/jeres esclavas no ha sido transmitida, pero resuena a través de los siglos clamando por libertad y bienestar para todas ellas sin excepción.

En los últimos 300 años o más, las luchas de las mu/jeres, gente negra, trabajadores y personas pobres e inmigrantes -para mencionar algunos, han reclamado derechos de ciudadanía plenos. Estas no son luchas del pasado sino realidades que tienen lugar hoy en día contra la globalización neoliberal.[17] Para dar de nuevo un ejemplo desde mi propia ubicación socio-política en los Estados Unidos, las luchas por los derechos de ciudadanía plenos

---

16 Ver Page duBois, *Slaves and Other Objects* (Chicago: The University of Chicago Press, 2003).

17 Ver Christa Wichterich, *The Globalized Woman: Reports from a Future of Inequality* (New York: Zed, 2000); Ann-Cathrin Jarl, *In Justice: Women and Global Economics* (Minneapolis: For-tress Press, 2003); Marjori Agosin, *Women, Gender, and Human Rights: A Global Perspective* (New Brunswick, N.J.: Rutgers University Press, 2001); y Beverly Wildung Harrison, *Justice in the Making: Feminist Social Ethics* (Louisville, Ky.: Westmintser John Knox, 2004).

de las mu/jeres sobre sus cuerpos y familias, se han hecho virulentos en los últimos meses de este año de elecciones presidenciales en el que los demócratas, según se afirma, pelean una "guerra contra la religión", y los republicanos pelean, especialmente a nivel estatal, una verdadera "guerra contra las mu/jeres". Las víctimas de esta guerra son especialmente las mu/jeres de color pobres.

Los obispos católico-romanos y otros cristianos conservadores en los Estados Unidos han llegado al punto de afirmar que con la petición de la administración Obama, de que las instituciones de filiación religiosa cubran los costos de seguro médico de control natal para las mu/jeres, y su rechazo de tolerar la discriminación en base a argumentos religiosos, se libra una guerra contra la religión. Candidatos presidenciales republicanos, y especialmente asambleas estatales controladas por los republicanos, niegan y multiplican crecientemente medidas contra las libertades reproductivas de las mu/jeres, que se convierten en una verdadera "guerra contra las mu/jeres". Para cercenar los derechos civiles de las mu/jeres a la autodeterminación, las asambleas estatales republicanas en los Estados Unidos han ideado "enmiendas personales", para fertilizar óvulos y decidir que la vida comienza en la concepción.

Como hemos visto en la introducción, el contexto actual de tal política de discriminación es el "nuevo orden mundial" del neoliberalismo que abarca el globo. Predica "el choque de las civilizaciones" y opera por el principio de maximizar los réditos financieros y las ganancias tanto como sea posible, de modo que todo salga bien para el 1% más rico de la población. Los resultados predecibles del modelo económico neoliberal son socialmente injustos, políticamente desestabilizantes, culturalmente destructivos y económicamente insostenibles. La globalización económica ha sido creada con el objetivo específico de dar primacía a las ganancias corporativas, instalando y codificando tales valores de mercado globalmente. Fue diseñado para amalgamar y combinar todas las actividades económicas alrededor del mundo dentro de un modelo único de mono-cultura global.

Dado que los estados nacionales no parecen estar más en control de la globalización, los teóricos socio-políticos han argumentado que tal globalización amenaza la democracia y los derechos humanos. Como la novelista y ensayista Arundhati Roy ha señalado:

(Los capitalistas neoliberales) han dominado la técnica de infiltrar los instrumentos de la democracia -la judicatura "independiente", la prensa "libre", el parlamento– y moldearlos para sus propósitos. El proyecto de la globalización corporativa ha destruido su núcleo: las elecciones libres, una prensa libre y un sistema jurídico independiente significan poco cuando el mercado libre los ha reducido a meras mercancías disponibles al mejor postor.[18]

En tanto que muchas de las funciones del estado nacional han sido asumidas por las corporaciones multinacionales, sus fuerzas globales en el campo de la política, la cultura y la economía forman un kyriarcado poli-céntrico. El peligro de este cambio de un estado nacional a una corporación internacional, es que los encargados de hacer lobby por parte de las corporaciones

---

18 Arundhati Roy. *An Ordinary Person's Guide to Empire* (Cambridge: South End, 2004), 3. Debe notarse que esta afirmación fue hecha antes de que las Corporaciones fuesen reconocidas como ciudadanos por la Corte Suprema de los EUA.

transnacionales manipulan los gobiernos democráticos, y el sistema global capitalista no puede sostenerse más como democráticamente responsable.

No debe pasarse por alto que el impacto económico y ecológico de la globalización, su explotación y su miseria concomitantes, han generado también el resurgimiento de la derecha religiosa, y de fundamentalismos globales culturales y religiosos que reclaman el poder para definir la verdadera naturaleza y esencia de la religión. Grupos derechistas bien financiados de pensadores religiosos son sostenidos por instituciones reaccionarias política y financieramente, que buscan defender el capitalismo patriarcal. Movimientos religiosos derechistas alrededor del globo han insistido en las últimas décadas en la figuración de las mu/jeres emancipadas, bien como símbolos de la decadencia occidental, o bien como símbolos del secularismo ateo moderno. Ellos han presentado también el poder masculino como la expresión del poder divino. La interconexión entre argumentos religiosos antide-mocráticos, y el debate con respecto al lugar y al rol de las mu/jeres no es accidental, ni tampoco de significado meramente intra-religioso.

En pocas palabras, más que identificar el kyriarcado en términos dualistas con el conjunto binario de lo masculino sobre lo femenino, de lo blanco sobre lo negro, de Occidente sobre los pueblos colonizados, es mejor entenderlo como un sistema piramidal inter-seccional conformado por la raza, el género, la clase y la dominación colonial o imperial. El kyriarcado connota "las múltiples relaciones de poder que incluyen la forma en la que las relaciones de género se articulan con las economías, los estados y los mercados" – y yo agregaría – religiones. Un análisis del kyriarcado puede explorar relaciones de dominación "como procesos mediadores de negociación constituidos por identidades y prácticas complejas, más que por una fuerza dominante y universalmente unitaria de dominación masculina (blanca, colonial, elitista, imperial), y femenina de subordinación (negra, colonizada, desamparada).[19]

Las democracias kyriarcales están estratificadas por las intersecciones cambiantes de género, raza, clase, religión, heterosexualidad, discapacidad, edad y otras. Estas intersecciones dan forma a posiciones estructurales que nos son asignadas, más o menos, desde el nacimiento. Sin embargo, la forma en la que las personas viven estas posiciones estructurales kyriarcales, es algo condicionado no simplemente por estas posiciones estructurales en sí mismas, sino también por las posiciones desde las que los sujetos las viven. Mientras que un acercamiento esencialista asigna a las personas una identidad "auténtica" que es derivada de nuestra posición estructural, nuestra posición de sujetos se hace coherente y convincente por medio del discurso político, los esquemas interpretativos y el desarrollo de horizontes teóricos concernientes a la dominación. En el ámbito cristiano, la religión bíblica juega un rol fundamental en la conformación de nuestra posición de sujetos.

Imaginación bíblica kyriarcal y globalización neoliberal

Dado que la autoridad de la Biblia como "palabra de D**s" ha sido y es utilizada aún para inculcar textos

---

19 Shelley Feldman, "Exploring Theories of Patriarchy: A Perspective from Contemporary Bangladesh," *Signs* 26/4 (2001), 1097-1127.1101.

bíblicos tales como el así llamado código doméstico, que exige la subordinación y la sumisión al poder kyriarcal, es necesario investigar cómo las Escrituras son y pueden ser usadas para mantener formas de dominación y explotación. Los debates acerca de los derechos reproductivos de las mu/jeres y del matrimonio gay, nos recuerdan textos bíblicos y mandatos de subordinación, tratados en el libro de Margareth Atwood, *The Handmaid's Tale*, que busca imaginar su realización en sociedades contemporáneas.

La escritora canadiense Margareth Atwood, nos ha dado una novela política que muestra las prácticas discursivas de la política patriarcal presentes en la escritura en relación con el tema de la subordinación y el trato a las otras personas. La narrativa de Atwood articula las inter-estructuras de prejuicio: sexismo, racismo y diferencias de clase, por una parte, y la disponibilidad de la Biblia como lenguaje y legitimación para fines totalitarios, por otra. La obra *The Handmaid's Tale* decodifica la historia de una sociedad totalitaria del futuro, cuyas estructuras y lenguaje son modeladas a partir de la Biblia. Mientras que *The Handmaid's Tale* está escrita a la luz de las Escrituras cristianas, el marco bíblico kyriarcal de prejuicio que expone, no está presente solamente en las estructuras cristianas.

La persona que habla en la novela es una mujer cuyo nombre real e identidad no es conocida. Ella es una sirvienta llamada Offred que vive en la República de Galaad. Galaad ha reemplazado a los Estados Unidos de América, y es gobernada por un grupo que adhiere una ideología similar a la de la Mayoría Moral en la sociedad pre-galaadita de finales del siglo XX. Después de que el presidente y el congreso de los Estados Unidos de América han sido masacrados, se establece el régimen de esta moderna república bíblica. Las mu/jeres pierden su derecho a la propiedad y al empleo, la población negra -los hijos de Ham, son reubicados y segregados en territorios nacionales; los judíos también son repatriados. En esta república bíblica se proscriben la lectura y la escritura, los medios de comunicación colectivos son censurados y controlados, y se pide a cada persona que espíe a los demás.

Las estratificaciones en la sociedad galaadita están marcadas por un criterio de vestido y color definidos por el gabinete de estrategia de Los Hijos de Jacob. Las mu/jeres blancas, por ejemplo, son clasificadas de acuerdo a sus funciones: las esposas de los comandantes de los fieles están vestidas de azul, y sus hijas van vestidas de blanco. Aquellas dedicadas a las tareas hogareñas se llaman Martas, y van vestidas de verde pálido. Las esposas de los hombres pobres, Econo-esposas, llevan vestidos de rayas rojas, azules o verdes, porque ellas tienen que cumplir todas las funciones, divididas entre las diferentes mu/jeres de las casas de clase alta. Las No-mu/jeres son aquellas mu/jeres que han sido enviadas a las Colonias, porque no tienen hijos, son estériles, viejas, monjas, lesbianas u otros elementos insurreccionales.

Las sirvientas son escogidas por sus capacidades reproductivas. Sus vestidos son rojos con la parte superior blanca. El rol de las sirvientas en la Ceremonia y toda la lógica de su condición, está modelada según el patrón de Bilah, la criada de Raquel en Génesis 30.1-3. Las sirvientas y las esposas están bajo el control de Tías quiénes, como vigilantes femeninas, cumplen sus funciones de "damas blancas" (expresión mía), controlando las mu/jeres de la manera más eficiente.

Dado que la Biblia es el documento fundacional para la República de Galaad, está reservada para la élite y solo puede ser leída por hombres de poder:

"La Biblia se mantiene encerrada, de la misma forma en la que alguna vez las personas mantenían el té bajo llave, de modo que los sirvientes no lo robaran. Es un instrumento incendiario ¿Quién sabe qué podríamos llegar a hacer con ella si alguna vez lográsemos tenerla en nuestras manos? Nosotros podemos ser leídos desde ella, leídos por ella, pero no podemos leerla. Nuestras cabezas se dirigen hacia ella, estamos a la expectativa, aquí viene nuestra historia antes de irnos a dormir... Él tiene algo que nosotros no tenemos, él tiene la palabra.[20]

El narrador de Atwood no solo revela los horrores deshumanizantes de un estado kyriarcal totalitario, sino que alude al carácter potencialmente "incendiario" de la Biblia si ésta fuese puesta en las manos de "otros subordinados", los no-persona de Galaad. Conscientes de que la lectura puede ser subversiva, los hombres de élite han mantenido la llave de la interpretación bíblica en sus propias manos. Aún hoy, son hombres de élite la mayoría de quienes nos leen a nosotras su Revised Standard Version en celebraciones litúrgicas y conferencias académicas.

Yo he escogido esta obra de Atwood para ilustrar el poder y prejuicio kyriarcales como el contexto político, no solo del discurso académico acerca de la Escritura, sino también de los discursos de liberación y de las

---

20 Margaret Atwood, The Handmaid's Tale (New York: Ballantine Books, 1987), 112-113.

teologías feministas durante los últimos 30 años, más o menos. La proyección futurista de Atwood, de un estado totalitario que recrea el kyriarcado bíblico clásico en modernos términos tecnocráticos, subraya el hecho de que las te*logías progresistas no pueden darse el lujo de ocuparse de una lectura puramente apologética de la Biblia, o de relegar la interpretación bíblica crítica a una erudición "burguesa" que se dirija a las preguntas de la persona no creyente. Las te*logías e interpretaciones bíblicas feministas deben ocuparse más bien de un análisis crítico que pueda permanecer abierto a la "política de prejuicio" inscrita en las Sagradas Escrituras. Al hacer del discurso teórico feminista sobre el prejuicio patriarcal algo central en mis exploraciones hermenéuticas, les invito a prestar atención a la política kyricarcal de la "otredad" y subordinación inscritas, tanto en la Escritura como en la política cristiana de derecha.

En las últimas cuatro décadas, feministas cristianas, judías, musulmanas postbíblicas y de la Diosa, se han ocupado en discusiones sobre el prejuicio, en análisis estructurales articulados teoréticamente, y trabajado con miras a una transformación feminista de las religiones bíblicas. Al hacer esto, hemos subrayado que las tradiciones y escrituras sagradas de las tres religiones abrahámicas, han sido formuladas e interpretadas desde la perspectiva de varones privilegiados y que por lo tanto, éstas no reflejan ni la perspectiva ni las experiencias de las mu/jeres, los pobres o los pueblos esclavizados. Las prohibiciones religiosas, las proyecciones y las prácticas piadosas han servido a menudo para legitimar las te*logías, y otras formas de conducta que marginalizan a las mu/jeres y a otras personas caracterizadas como "sub-humanas", silenciándolas, excluyéndolas y explotándolas.

67

La discusión feminista sobre el prejuicio debe estar sólidamente anclada en un análisis crítico, multifacético, inter-religioso, postcolonial y anti-racista.

Por lo tanto, sino se deconstruye conscientemente el lenguaje de dominación imperial en el que los textos bíblicos permanecen atrapados, no se podría sino reinscribir y valorizar tal lenguaje anti-mu/jeres. Al intentar rescatar la Sagrada Escritura como literatura anti-imperialista, los argumentos defensivos tienden a pasar por alto que el lenguaje del kyriarcado y su violencia, que están codificados en las Escrituras judías y cristianas, han dado forma al ethos cultural y a la auto-comprensión religiosa cristiana a través de los siglos, y lo siguen haciendo aún hoy en día.

Tal lenguaje de dominación, subordinación y control no es simplemente un lenguaje histórico. Más bien, en tanto que Sagrada Escritura, es un lenguaje performativo que determina la praxis e identidad cristianas. Por ello, necesita no solo ser entendido, sino debe de ser consciente y críticamente deconstruido, dado que el lenguaje del "poder sobre", codificado en la Escritura, tiene dos puntos de referencia: el cercano Oriente y el imperio Romano como contextos y locaciones sociales de la Biblia, por una parte, y formas contemporáneas de discurso antidemocrático, por otra.

La religión y las Escrituras cristianas han sido consistentemente empleadas para legitimar el expansionismo Occidental y el dominio militar, tanto como para inculcar una mentalidad de obediencia y sumisión a los poderes anti-democráticos. La forma de legitimación bíblica y religiosa más estrechamente asociada con el colonialismo y la condición de ciudadanas de segunda clase de las mu/jeres, han sido el fundamentalismo Protestante y el Catolicismo jerárquico, que predican la sumisión personal, bien a la jerarquía o bien a la autoridad literal de la Escritura.

Los textos de subordinación del Nuevo Testamento han sido erróneamente clasificados como "código doméstico" –un título derivado de la enseñanza luterana sobre el estatus y los roles sociales (*Ständelehre*).[21] Sin embargo, estos textos no están relacionados solamente con las tres formas de relaciones domésticas del tipo kyrios: esposa y esposo, esclavo y amo, padre e hijo, sino también con

---

21 Dieter Lührmann, "Wo man nicht mehr Sklave und Freier ist: Überlegungen zur Struktur frühchristlicher Gemeinden," *Wort und Dienst* 13 (1975): 53-83; Klaus Thraede, "Aerger mit der Freiheit: Die Bedeutung von Frauen in Theorie und Praxis der alten Kirche," in Gerda Scharffenroth (ed.), *Freunde in Christus werden...* (Gelnhausen and Berlin: Burckhardthaus, 1977), pp. 35-182; Clarice Martin, "The Haustafeln (Household Codes), en: African American Biblical Interpretation: 'Free Slaves'and 'Subordinate Women,'", en: Cain Hope Felder, ed., *Stony the Road We Trod: African American Biblical Interpretation* (Minneapolis: Fortress Press, 1991), pp. 206-31. Para una justificación cristológica de este patrón de subordinación, ver: Else Kähler, *Die Frau in den Paulinischen Briefen* (Zürich: Gotthelf Verlag, 1960). Para una interpretación evangélica feminista de este patrón como un "patrón de sumisión", ver por ejemplo: Virginia Ramey Mollenkott, *Women, Men, and the Bible* (Nashville: Abingdon, 1977), y Letha Scanzoni and Nancy Hardesty, *All We're Meant to Be: A Biblical Approach to Women's Liberation* (Waco; Texas: Word Books, 1975); Esther Yue L. Ng, *Reconstructing Christian Origins?* (Carlisle: Paternoster Press, 2002); Virginia Ramey Molenkott, "Emancipative Elements in Ephesians 5, 21-33: Why Feminist Scholarship Has (Often) Left Them Unmentioned, and Why They Should Be Emphasized," in Amy Jill Levine, ed., *A Feminist Companion to the Deutero-Pauline Epistles* (New York: The Continuum International Publishing Group, 2003) 37-58; David M Scholer, "1 Tim 2,9-15 and the Place of Women in the Church's Ministry," in Amy Jill Levine, ed., *A Feminist Companion to the Deutero-Pauline Epistles,* 98-121.

la sumisión al emperador.[22] El interés central de estos textos radica tanto en fortalecer la sumisión y la obediencia de los grupos socialmente débiles – la comunidad como un todo-, las esposas, los esclavos, y los niños, como en promover la autoridad del jefe de la casa, el pater-familias, que en el caso del emperador incluye al imperio entero.[23] Este modelo de casa y estado sustenta la Defensa del Acta de Matrimonio (Heterosexual) que fue formulada contra la petición de igualdad de derechos para compañeros/as matrimoniales del mismo sexo.

Este ethos de sumisión concibe no solo a la familia sino también a la iglesia y al estado en términos de una casa kyriarcal. Da al kyrios, al señor, al amo de esclavos, al padre y esposo, todos los poderes sobre los miembros de la familia. Al estar basado este esquema en la autoridad de la Escritura, hace que las personas sean más fácilmente sometidas a la dominación. Por eso, comencé a trabajar en estos textos a finales de los años 70 y continúo haciéndolo, porque su ethos mueve tanto a los cristianos como a la Derecha política religiosa como un todo, un ethos similar está presente también en otras religiones.

Estos textos obligan a las mu/jeres religiosas, que sufren no solo por un capitalismo de mercado globalizado sino también por la explotación sexual instigada por éste, a no luchar contra tales injusticias. La inequidad sistemática,

---

22 Se dice que el código ha sido completamente incorporado en Colosenses 3:18-4:1 y Efesios 5:22-6:9. Sin embargo, como en 1 Pedro 2:18-3:7, no está presente en forma completa en los pasajes restantes: 1 Timoteo 2:11-15; 5:3-8; 6:1-2; Tito 2:2-10; 3:1-2; 1 Clemente 21:6-8; Ignacio a Policarpo 4:1-6:2; Didajé 4:9-11; Bernabé 19:5-7.

23 Ronald Syme, *The Roman Revolution* (Oxford: Oxford University Press, 1939), pp. 509-524.

el abuso, la violencia, la discriminación, el hambre, la pobreza, el abandono y la negación de los derechos de las mu/jeres que afligen las vidas de las mu/jeres alrededor del globo, están extensamente documentadas. Una mirada a los datos estadísticos sobre la situación de las mu/jeres alrededor del mundo, puede mostrar fácilmente que las mu/jeres son un grupo marginado a nivel mundial. Las mu/jeres ganan todavía solo dos terceras partes de lo que ganan varones en situaciones similares; la mayoría de personas viviendo en pobreza son mu/jeres; la violencia contra mu/jeres (ginecidio), que mata a las mu/jeres va en aumento. El tráfico sexual, las varias formas de trabajo esclavizado, el analfabetismo, la migración y los campos de refugiados describen, todos ellos, la creciente explotación de las mu/jeres. Rose Wu dice sobre esta situación:

Las sociedades sin fronteras que la economía global promueve, continúa explotando las mu/jeres al venderlas como "esposas", forzándolas a la prostitución o ligándolas a otras formas de trabajo explotado, tales como el trabajo en fábricas explotadoras o en labores domésticas. Las mu/jeres son desplazadas de granjas y de industrias domésticas colapsadas, debido a que la liberación del comercio las fuerza a buscar sobrevivencia migrando a tierras extranjeras, donde ellas sufren usualmente abuso y maltratos en manos de quienes las reclutan o bien en manos de otros empleados. Muchas de ellas son víctimas del tráfico sexual.[24]

Las luchas de las mu/jeres por sobrevivencia y bienestar deben permanecer en el centro de nuestras discusiones sobre feminismo, poder y religión. El kyriarcado global es un problema eminentemente feminista y te*lógico.

---

24 Rose Wu, "Poverty, AIDS and the Struggle of Women to Live," In G*d's Image 24/3 (2005) 11.12.

Dado que, de acuerdo a las voces fundamentalistas, el feminismo se equipara al humanismo ateo y a la decadencia occidental, y debido a la larga y profunda conexión del cristianismo con los poderes imperiales occidentales, sigue siendo necesario articular un análisis feminista crítico de los poderes políticos de la Escritura en la sociedad y en la vida de las mu/jeres.

Para concluir: he argumentado en este capítulo que un análisis feminista de género no es suficiente para entender el marcador socio-político "mujer", ni los estragos de la globalización kyriarcal en la vida de las mu/jeres. Lo que es necesario, como he dicho, es un análisis kyriarcal de la globalización. El sistema global de dominación es mejor articulado como kyriarcado que como patriarcado, o como dominación de un género sobre otro. En tanto que el antiguo kyriarcado está inscrito en la biblia y en la tradición cristianas, las Escrituras y tradiciones cristianas pueden ser utilizadas para justificar religiosamente la globalización neoliberal kyriarcal contemporánea.

Para recapitular mi articulación del sistema kyriarcal, intentaré resumirlo con ayuda del esquema inter-seccional desarrollado por Lynn Weber.[25] Pero mientras que Weber habla de raza, clase, sexualidad y género como estructuras de dominación, yo amplío su lista para incluir heteronormatividad, cultura y religión, por una parte, y subsumir sexo bajo corporalidad, la cual está caracterizada también por la edad, la discapacidad y otros marcadores corporales, por otra.

---

25 Lynn Weber, *Understanding Race, Class, Gender, and Sexuality: A Conceptual Framework* (Oxford: Oxford University Press, 2010), 129-131.

1. El kyriarcado es histórica y geográficamente contextual. El tener una perspectiva histórica y global amplia, permite registrar cambios a través del tiempo y del espacio.

2. El kyriarcado es socialmente construido y no biológicamente determinado. No está engendrado por un imperativo biológico ni por una inferioridad inherente, ni por hechos inmutables, ni ordenado por D**s.

3. Las relaciones kyriarcales son relaciones de poder de dominación y de subordinación. Aquí la distinción entre poder institucionalizado social y poder personal es central. Es importante preguntarse de qué modo llegan las personas a creer e internalizar que ellos no tienen poder en ciertas situaciones.

4. Los sistemas kyriarcales operan tanto en el macro-nivel de las instituciones locales, como en el micro-nivel de la vida individual. Cuando se analiza una situación es más fácil ver las manifestaciones sicológicas de la opresión, que reconocer las fuerzas más amplias que actúan a un nivel macro, y que son más remotas y abstractas.

5. Las estructuras kyriarcales son ejes de poder entrelazados. Ellas operan para moldear la vida de las personas, y la imaginación de sociedades y comunidades, todo a un mismo tiempo. Por ello, se necesita analizar no solo las estructuras más evidentes que encontramos en primer plano (como por ejemplo las de género), se necesita analizar también todas las estructuras de dominación simultáneamente.

73

Así, las personas y las comunidades religiosas enfrentan hoy día una alternativa te*-ética-política: nosotras podemos fortalecer el poder de la globalización kyriarcal neoliberal, o podemos apoyar la inter-dependencia creciente de los pueblos alrededor del globo, en y por medio de una globalización alternativa "desde abajo".

Nosotras podemos apoyar espiritualmente la explotación de la globalización capitalista, o podemos comprometernos con las posibilidades de una democratización radical que busque una mayor libertad, justicia y solidaridad.

Las religiones pueden inspirar a individuos y grupos para apoyar las fuerzas de deshumanización global, económica y cultural, o bien pueden abandonar sus tendencias kyriarcales y soñar juntos, trabajando por un ethos espiritual feminista de justicia global. Nosotras podemos promover el fundamentalismo, el exclusivismo y la explotación de una monocultura global totalitaria, o bien podemos abogar por valores espirituales y democráticos radicales, y por visiones que celebren la diversidad, la multiplicidad, el poder de decisión, la igualdad, la justicia y el bienestar de todas las personas. Tal escogencia te*-ética-política, planteada en términos alternativos, no busca afirmar los dualismos creados por estructuras de dominación, sino que lucha más bien por superarlos y abolirlos. Llama a las mu/jeres en el ámbito de la religión a ocupar su lugar en las luchas globales por una mayor justicia, libertad y bienestar de las mu/jeres y de toda la creación.

[Traducido por J.E. Ramírez]

2

Esencializando el Género-Teologizando la Identidad de Género

En el primer capítulo hemos argumentado que el género es parte integral del sistema global de explotación en el kyriarcado neoliberal. La globalización "desde arriba" ha engendrado una sociedad global en la que la mayoría de los pobres son mu/jeres y niños dependientes de mu/jeres. Al mismo tiempo, los movimientos populares democráticos han sido también movilizados contra tal globalización "desde arriba". Por ello, los movimientos feministas alrededor del globo luchan por derechos de ciudadanía plenos para las mu/jeres. Tales derechos civiles plenos, argumentan ellas, deben incluir los derechos reproductivos de las mu/jeres, a saber: el poder de decidir sobre su propio futuro y el de sus hijos. Estos movimientos están inspirados por la visión democrática radical de que, todas las personas viviendo en esta sociedad mundial y global deberían tener el mismo estatus como ciudadanas, capaces de decidir su futuro y el de sus hijos. En teoría, todos los ciudadanos son creados a imagen Divina, igual en derechos, palabra y poder. Son capaces de involucrarse en prácticas políticas democráticas radicales que se supone no deben estar desvinculadas ni desconectadas. Por el contrario, éstas deberían posibilitar a las personas ser los árbitros de su propio destino y promover el bienestar de todos.

No debe pasarse por alto sin embargo, que durante el mismo tiempo en que las mu/jeres se han involucrado con el tema de la religión, ha habido intentos de la Derecha Religiosa de socavar los logros feministas que las mu/jeres han alcanzado en los últimos 50 años. Por ejemplo, en los Estados Unidos mu/jeres cristianas del ala derecha han contribuido significativamente a la derrota de la enmienda de igualdad de derechos en los años 70, y se han convertido en las portavoces fundamentales en las últimas tres décadas, de los esfuerzos para socavar los derechos reproductivos de las mu/jeres. La reciente "guerra a las mu/jeres" del Partido Republicano, es dirigida contra los derechos reproductivos de las mu/jeres pobres y apoyada por la religión del ala derecha.

Para arrojar luz sobre esta -así percibida- "contradicción feminista", discutiré las posiciones estructurales y de sujeto de las mu/jeres en la democracia kyriarcal Occidental, con el fin de mostrar cómo estructuras de dominación y diferencias de poder son co-constitutivas de la identidad esencialista de la formación de las mu/jeres. Una te*logía feminista crítica entiende tales constructos de identidad no en términos esencialistas, sino como efectos de poder generados por categorías de identidad que son naturalizadas y esencializadas en términos te*lógicos cristianos.

Mientras el "nuevo feminismo" esencializado y esencializante ha organizado activamente un movimiento de mu/jeres del ala derecha en las últimas décadas, las teologías feministas de liberación y los estudios de religión se han focalizado en los estudios académicos en religión y te*logía, pero no han creado espacios organizacionales feministas de educación te*lógica e intercambio, que pudiesen atender esta contradicción en la formación de la identidad de las mu/jeres, fuese a nivel popular o a nivel global. Es importante por ello, que las feministas en el área de la religión desarrollen su trabajo no solo en el ámbito de la producción de conocimiento, sino también en el de los medios de concientización.[1]

Formación de identidad kyriarcal - Luchas globales por los derechos de las mu/jeres

Como hemos visto, el modelo de democracia de élite masculina fue propuesto en la antigua Grecia y asumido por las democracias modernas. Este modelo no fue construido en abstracto ni en términos universales, sino enraizado en un situación socio-política concreta. La democracia kyriarcal griega se constituyó así misma por medio de la exclusión de "los otros", los que no poseían la tierra pero cuyo trabajo sostenía la sociedad. La libertad y la ciudadanía no eran medidas solamente de cara a la esclavitud, sino que eran restringidas también en términos de género.

---

1 Para algunos intentos en esta dirección, ver mis libros: *Los Caminos de la Sabiduría. Una Introducción a la interpretación feminista de la Biblia*. Santander: Sal Terrae, 2004; y *Democratizing Biblical Studies: Toward an Emancipatory Educational Space*. Louisville, KY: Westminster John Knox Press, 2009.

Además, las realidades socioeconómicas en la ciudad-
estado griega eran tales que solo unos pocos jefes
de familia, varones, selectos, libres, con propiedades,
pertenecientes a una élite, podían ejercer de hecho el
gobierno democrático. El esfuerzo por igualar la situación,
pagándole a ciudadanos masculinos que por sí mismos no
tenían suficiente riqueza para participar en el gobierno,
no pudo balancear la tensión existente entre el ideal de
igualdad y las estructuras kiryarcales de la sociedad. La
participación real en el gobierno permanecía condicionada
no solo por la ciudadanía, sino también por los privilegios
combinados de propiedad, educación, y el estatus familiar
de varón libre. Sin embargo, existen aún indicios que
apuntan a una comprensión diferente de la democracia
antigua.

Teóricos políticos feministas[2] han mostrado que tanto
Platón como Aristóteles, nuestras principales fuentes para
la democracia antigua, han articulado de diferente modo
una teoría de la democracia kyriarcal con miras a justificar,
por qué ciertos grupos de personas tales como ciudadanas
mu/jeres libres o mu/jeres esclavas, no eran capaces de
participar en un gobierno democrático. Estos grupos
de personas no eran aptos para gobernar o para decidir
los asuntos de la comunidad debido a una deficiencia

---

2 Ver Susan Moller Okin, *Women in Western Political Thought* (Princeton:
University Press, 1979); Page Du Bois, *Centaurs & Amazons: Women and the
Pre-History of the Great Chain of Being* (Ann Arbor: University of Michigan
Press, 1982; Du Bois, *Torture and Truth*; M. E. Hawkesworth, *Beyond Oppression:
Feminist Theory and Political Strategy* (New York: Continuum 1990); E. C. Keuls,
The Reign of the Phallus: Sexual Politics in Ancient Athens (New York: Harper &
Row, 1985; A. Rouselle, *Porneia: On Desire and the Body in Antiquity* (New York:
Basil Blackwell, 1988). Cf. también Christine Faure, *Democracy without Women*
(Bloomington: Indiana University Press, 1991).

natural en su capacidad de razonamiento. Tal justificación ideológica explícita de exclusión era necesaria en un momento de la historia en que se hacía cada vez más obvio que, aquellos que estaban excluidos de la vida política de la ciudad-estado, tal como las mu/jeres libres, las mu/jeres esclavas educadas, o las mu/jeres inmigrantes adineradas, eran indispensables en ella. (Debe recordarse que uso el término mu/jeres como inclusivo de varones).

Una contradicción similar entre una visión democrática y una realidad socio-política se hace evidente de nuevo con el surgimiento de la democracia moderna en Occidente, que se ha articulado así misma como un kyriarcado capitalista fraternal.[3] Dado que la democracia capitalista moderna ha sido modelada siguiendo el ideal clásico de la democracia kyriarcal, se perpetúa la contradicción entre las prácticas de exclusión kyriarcal y la sujeción inscrita en los discursos de democracia en la antigüedad. Al principio, la democracia moderna excluía de los derechos de ciudadanía democrática tanto a las mu/jeres libres, propietarias, las Damas, como a las mu/jeres esclavas, al inmigrante y al pobre. La "propiedad" y el estatus de varón de élite por nacimiento y educación, no simplemente la masculinidad biológica y cultural, concedía a una persona el derecho a participar en el gobierno de unos pocos sobre muchos.

No debe pasarse por alto sin embargo, que esta contradicción institucionalizada entre los ideales de una democracia radical y su actualización kyriarcal, ha

---

3 Ver por ejemplo Genevieve Lloyd, *The Man of Reason: "Male" and "Female" in Western Philosophy* (Minneapolis: University of Minnesota Press, 1984); Robin May Schott, *Cognition and Eros: A Critique of the Kantian Paradigm* (Boston: Beacon Press, 1988); Linda J. Nicholson, *Feminism/Postmodernism* (New York: Routledge, 1990).

engendrado también movimientos de emancipación que buscan una ciudadanía plena capaz de auto-determinarse. En los siglos pasados, las luchas emancipatorias por la igualdad de derechos ciudadanos han logrado derechos civiles y derechos de voto para todos los ciudadanos adultos. Estos movimientos sin embargo, no han sido capaces de superar las estratificaciones kyriarcales que continúan determinando las democracias constitucionales modernas. Ellos han hecho, meramente, co-extensivo el círculo democrático con la pirámide kyriarcal, reinscribiendo de este modo la contradicción entre una visión democrática y una práctica política kyriarcal. En el proceso, la libertad democrática es construida como la ausencia de coerción, y el proceso democrático es reducido meramente al espectáculo de las campañas de elección.

En el contexto de las democracias kyriarcales clásicas y modernas, la identidad de género femenina ha sido construida en términos de la "Dama" como identidad femenina. La Dama fue subordinada al caballero, cabeza de hogar, quien tenía poder sobre su familia, sus trabajadores, siervos y mu/jeres esclavas. En pocas palabras, la identidad de género masculina ha sido articulada en la antigüedad y modernidad en términos de jefatura y poder gobernante de una élite masculina, el kyrios, mientras que la identidad de género femenina ha sido definida en términos de sumisión, servicio y amor de la mujer de élite. Las mu/jeres de élite y los niños han sido subordinados, y hechos dependientes respecto de los varones cabezas de familia, quienes deberían representarlos ante el público democrático.

En las modernas sociedades industrializadas todos los varones, en tanto que cabezas de hogar, debían ganar un salario familiar para responder así a su rol masculino, mientras que las mu/jeres de clase media y alta tenían el privilegio de "permanecer en casa", cuidar la familia y satisfacer su rol educacional y civilizado por medio de la maternidad. Sin embargo, las mu/jeres de color o las mu/jeres de clases inferiores nunca tuvieron el privilegio de permanecer en casa o de cuidar sus familias, porque como esclavas y sirvientas tenían que cuidar el hogar y los niños de la señora. Este estatus y clase, o inflexión racial de género e identidad, es usualmente pasado por alto cuando el género es esencializado sin tomar en cuenta la interseccionalidad.

En pocas palabras, la articulación filosófica de la lógica de identidad en la antigüedad define los dualismos binarios asimétricos de humano-animal, masculino-femenino y libre-esclavo como diferencias "naturales", con el fin de legitimar relaciones kyriarcales de dominación y sujeción. La democracia moderna perpetúa muchas de estas prácticas ideológicas presentes en la filosofía política antigua, en la medida en que postula que sus ciudadanos "son creados iguales" y tienen el derecho a "la libertad y la persecución de la felicidad" mientras que, al mismo tiempo, mantiene estratificaciones socio-políticas kyriarcales como "naturales". Este discurso kyriarcal clásico está inscrito en las Escrituras cristianas, rearticulado en la te*logía cristiana y reproducido en la ciencia política moderna. Este discurso emerge de diversas formas: se manifiesta en sí mismo en el constructo de los filósofos de la Ilustración de "el Hombre de Razón"; aparece de nuevo en los discursos de género racistas europeos y estadounidenses de la "Dama Blanca", y está presente en el constructo de los colonialistas Occidentales de las "razas inferiores" y los "salvajes incivilizados".

De hecho, la religión cristiana era considerada, tanto como el constructo de la "Dama Blanca", como una fuerza civilizadora entre los salvajes.

La posición de estatus y la formación del sujeto

Dado que la identidad y la subjetividad son construidas y convertidas en sentido común por esta política colonial de dominación y subordinación en las democracias capitalistas modernas, yo prefiero un modelo de organización social basado en la identidad antes que en el estatus para desarrollar un análisis social del kyriarcado. Tal análisis es capaz de examinar las estructuras institucionales que se entrecruzan, y los patrones de valor de dominación por sus efectos sobre el estatus relativo de actores sociales, tanto en una sociedad como en un texto dados. Si tales inscripciones de estatus constituyen personas como iguales, capaces de participar junto a nosotros, entonces podemos hablar de una igualdad de estatus o de democracia popular. Si no son capaces de hacer esto, hablamos entonces de dominación kyriarcal.

Las estructuras sociales en las cuales estamos ubicados son interpretadas por medio de los discursos religiosos políticos y culturales. Dado que no podemos permanecer al margen de los marcos interpretativos disponibles en nuestra sociedad y tiempo, "buscamos sentido" en la vida con la ayuda de ellos; por ejemplo: una mu/jer puede ser influida por el neoliberalismo y creer que su posición social está determinada por el hecho de que ella ha trabajado más duro en la vida, que la mu/jer que depende de la beneficencia y vive en la calle. Otra mu/jer, influida por el fundamentalismo religioso de derecha, puede explicar su situación de vida a partir del hecho de que ella es bendecida por D**s debido a su vida virtuosa; mientras que una madre soltera, dependiente de la beneficencia, ha pecado gravemente y ha sido castigada por lo tanto con la pobreza. Nuevamente, otra mu/jer puede creer que su éxito como esposa y madre se debe a su atractivo femenino, y a la dedicación desinteresada de ella a su marido y a sus hijos, y que la suerte de la mu/jer pobre se debe a la ausencia de estas características.

Si nosotros tenemos que recurrir siempre a discursos interpretativos ya existentes para dar sentido a nuestras vidas o a textos religiosos, entonces la importancia de movimientos sociales por la justicia se hace obvia. Dado que los discursos hegemónicos usuales proveen los marcos de referencia en los cuales nosotros "construimos significado" en situaciones kyriarcales, la teoría feminista y la te*logía necesitan proveer discursos que iluminen no solo la coreografía de la opresión, sino también las posibilidades de una sociedad y religión democráticas y radicales. Con todo, somos capaces de articular una auto-comprensión y una comprensión del mundo emancipatorias sólo dentro del contexto de movimientos sociales democráticos radicales, que den forma a teorías que nos ayuden a explotar las contradicciones existentes entre discursos socio-hegemónicos diversos, y que nos ayuden también a imaginar mundos religiosos, políticos y sociales alternativos.

1. Posición estructural

Para esta tarea, he encontrado importante la distinción entre la posición estructural de una persona y su posición como sujeto. Cada individuo está estructuralmente posicionado dentro de un sistema social, cultural, económico, político y religioso en virtud de su nacimiento. Nadie puede escoger nacer blanco, negro, asiático, europeo, de raza mixta, pobre, saludable, hombre o mujer. Nosotros siempre nos encontramos posicionados por y dentro de estructuras de dominación, y las oportunidades que tenemos en la vida están limitadas por ellas. Por ejemplo, las mu/jeres no son pobres o destituidas solamente a causa de una baja motivación, de carencias en su autoestima o de deficientes hábitos de trabajo. Las mu/jeres son pobres o destituidas, más bien por la posición estructural que ocupan dentro de relaciones de dominación que se entrecruzan, tales como el género, la clase, la raza, o la corporalidad.

María Lugones ha argumentado que es el "poder de colonialidad", un término acuñado por el sociólogo peruano Aníbal Quijano, el que ha introducido violentamente las posiciones estructurales de género, raza y clase, que se entrecruzan entre ellas. Ella argumenta que el heterosexismo es una forma clave para entender "cómo el género se fusiona con la raza en las operaciones del poder colonial".[4] Muchos de quienes toman en serio la colonialidad del poder han pasado por alto, de acuerdo a la naturaleza de su género, "las profundas implicaciones de raza, género, clase y sexualidad".[5] Lugones discute el concepto de Quijano de "colonialidad del poder" y señala:

> El esquema de Quijano restringe el género a la organización
> de sexo... Quijano parece dar por sentado que la disputa sobre

4 María Lugones, "Heterosexualism and the Colonial/Modern Gender System" Hypatia 22/1 (2007)186 – 209.

5 Lugones, 187.

el control del sexo es una disputa entre hombres y acerca del control masculino de recursos que se consideran femeninos".[6]

Refiriéndose al trabajo de Oyéronké Oyewùmi sobre la sociedad Yoruba, Lugones argumenta que las construcciones de género binarias han sido usadas como un instrumento de dominación en Occidente. Siguiendo el argumento de Paula Gunn Allen sobre los pueblos nativo-americanos, ella plantea que el uso opresivo del género colonial como arma destruye la estructura social complementaria de dos polos que incluye: una jefatura femenina interna que administra los asuntos domésticos, y una jefatura masculina externa responsable de la mediación entre las tribus y los extranjeros. Gunn Allen señala que la introducción de un sistema de género heterosexual binario, fue el instrumento colonial para cooptar hombres colonizados dentro de roles kyriarcales y socavar así el poder social de las mu/jeres. Lugones concluye:

"debe quedar claro para este momento, que el moderno sistema de género colonial no puede existir sin la colonialidad del poder, dado que la clasificación de la población en términos de raza es una condición necesaria de su posibilidad".[7]

Lugones afirma correctamente que el sistema de género heterosexualista no solo ejerce control sobre el sexo sino también sobre el trabajo y otros recursos. Sin embargo, ella no le presta mucha atención a la forma en la que este sistema de género no solo co-opta varones, sino a la forma en que ha colonizado también las mu/jeres de clase media y alta, las damas, con el fin de ejercer la colonialidad del

---

6 Lugones, 194.

7 Lugones, 202.

poder, o como yo diría, la kyriarcalidad del poder. En pocas palabras, categorías de identidad tales como género, raza, clase, y corporalidad son mejor comprendidas como efectos de poder engendradas por estructuras de dominación, y articuladas en términos ontológicamente esencialistas. Sus intersecciones estructurales inculcan diferencias de identidad socialmente desiguales e inequidades de género esencialistas.

2. Posición de sujeto

A diferencia de la posición estructural, la posición de sujeto es variable, abierta a la intervención y cambiable, pero limitada también por la colonialidad del poder expresada en términos de estructuras hegemónicas de dominación. De acuerdo a los teoristas Ernest Laclau y Chantal Mouffe:

> Una posición de sujeto refiere al conjunto de creencias por medio de las cuales un individuo interpreta y responde a sus posiciones estructurales dentro de una formación social. En este sentido, un individuo se convierte en un agente social en la medida en que viva sus posiciones estructurales a través de un conjunto de posiciones de sujeto.[8]

La relación entre una posición de sujeto y una posición estructural es muy compleja, dado que nuestras autocomprensiones están siempre determinadas de antemano por nuestra posición estructural con sus correspondientes recompensas y presiones. Así, una persona podría ser teóricamente capaz de vivir su posición estructural a través de una amplia gama de posiciones

---

8 Anna Marie Smith, *Laclau and Mouffe: The Radical Democratic Imagination* (New York: London, 1998), 58-59.

de sujeto, pero podría estar prácticamente restringida a un conjunto rígidamente definido y cerrado de marcos interpretativos disponibles. De aquí, por tanto, la importancia de movimientos emancipatorios y de los diferentes marcos interpretativos que ellos articulan.

Las teorías y teologías feministas han puesto a disposición una gama amplia de tales categorías y marcos interpretativos, con el fin de dar forma a las posiciones de sujeto de las mu/jeres. Ellas han provisto varios análisis sociales para el diagnóstico y el cambio de las posiciones estructurales de las mu/jeres en y por medio de la articulación de diferentes posiciones de sujeto. Categorías y conceptos analíticos claves con los cuales pensar desde una perspectiva feminista han sido desarrollados, bien como un discurso inverso al esquema intelectual binario de dualismos sistémicos, o bien como un marco crítico liberador.

Categorías analíticas feministas tales como por ejemplo las de género, interseccionalidad, colonialidad del poder o kyriarcado, buscan proveer un espacio teórico alternativo desde el cual analizar críticamente nuestra posición estructural, y en conjunto con tales análisis críticos y visiones constructivas alternativas, articular la variedad posible de posiciones de sujeto. Definiciones de identidad fijas y concepciones esencialistas por otra parte, nos mantienen en los espacios kyriarcales provistos por los poderes de sujeción.

Cuando se presta atención con cuidado a los discursos del Nuevo Feminismo o la Verdadera Mujer en la religión cristiana, se puede ver de qué modo las construcciones de identidad esencializantes y naturalizantes buscan mantener y reforzar posiciones de sujeto kyriarcales y esquemas mentales de inequidad. Estos discursos y movimientos buscan persuadir a las mu/jeres para ejercer sus posiciones de género femenino estructural en términos religiosos. No sorprende que hayan sido entonces especialmente las mu/jeres blancas de clase media, las damas, las que han sido atraídas a estas te*logías de la condición de la mujer, y adoptado éstas como posiciones de sujeto femeninas reveladas.

Esencialismo de género y Derecha Religiosa

Mientras que las teóricas feministas han debatido acaloradamente el esencialismo de género[9], la diferencia[10], la complementariedad y el feminismo radical, ellas han prestado poca atención a los movimientos de identidad femenina dualista en el cristianismo, y a las diferentes construcciones kyriarcales de la Mujer Eterna, como la posición de sujeto de una "feminidad blanca de clase alta". Mientras que el movimiento protestante de la Verdadera Mujer basa sus postulados en la Biblia, el movimiento del Nuevo Feminismo Católico Romano está inspirado por la te*logía de la mujer formulada por el Papa Juan Pablo II. Ambos movimientos y te*logías esencialistas están articulados con la finalidad de contrarrestar la influencia de las te*logías igualitarias del feminismo radical y los movimientos de liberación. El "Nuevo Feminismo", ha retomado muchos argumentos feministas de liberación

---

9 Ver Natalie Stoljar, "Essentialism", en: Lorraine Code, ed., Encyclopedia of Feminist Theories (New York: Routledge, 2004) 177-178.

10 Ver por ejemplo Naomi Schor and Elizabeth Weed, eds., The *essential difference* (Bloomington: Indiana University Press, 1994).

y estrategias del movimiento, con el fin de promover la feminidad cultural burguesa de la Dama Blanca.

1. El nuevo feminismo

El término nuevo feminismo fue usado originalmente en los años 1920 en Inglaterra para diferenciar el feminismo del sufragio y el "nuevo" feminismo que estaba preocupado primariamente por la maternidad y la familia. El término fue introducido por el Papa Juan Pablo II en Evangelium Vitae (1995). Así como él había llamado antes a una nueva te*logía de la liberación, el Papa llama a una "nueva" te*logía feminista. Por lo tanto, el Papa buscó promover el "nuevo" feminismo y a las "mujeres de genio" en contra de la te*logía de liberación feminista. De acuerdo con él, el "nuevo feminismo" rechaza los modelos de la dominación masculina e insiste en la verdadera esencia de la mujer, que es la maternidad biológica y espiritual. Mientras que el Papa destaca la dignidad humana de la mujer como persona, conceptualiza esta dignidad de hombre y mujer no en tanto que igualdad, sino en tanto que complementariedad. Hombre y mujer son esencialmente diferentes, pero esta diferencia les permite complementarse uno al otro.

Se ha mostrado que desde el siglo XIX, las enseñanzas oficiales católico-romanas se han desarrollado en interacción con el movimiento feminista a nivel mundial. Estas enseñanzas han acentuado, en consonancia con Agustín y Tomás, la equivalencia de los géneros, pero insistiendo al mismo tiempo en la subordinación de la mujer.[11] Empezando en los años 1960, y especialmente

---

11 Kari Elisabeth Børresen, *Subordination and Equivalence. The Nature and Role of Wo/man in Augustine and Aquinas,* (Washington, D.C.: University Press of America, 1981).

durante el pontificado de Juan Pablo II, esta retórica oficial católico-romana cambió sin embargo, de un énfasis en la "subordinación" a un acento en la "complementariedad". Los sexos son diferentes, pero iguales y complementarios uno al otro. Las mu/jeres y hombres son creados a imagen y semejanza de D**s, e iguales en capacidad racional y dignidad; por ello ambos merecen igual respeto y dignidad como seres humanos. Ellos deben cambiar el estatus desigual de mu/jeres y hombres en la sociedad, pero no en la iglesia, cuyas jerarquías estructurales son divinamente ordenadas para ser de género masculino.

Las posiciones estructurales y de sujeto de las mu/jeres son sin embargo, "sexuadas y de género hasta en sus almas. La feminidad no es simplemente algo que las mujeres hacen, es algo que las mujeres son... Pertenecer al género femenino significa aceptar el diseño divino de Dios para las mujeres".[12] La feminidad actúa a partir de "el orden del amor", y encuentra su plenitud en la maternidad física o en la espiritual. Así, el altruismo, el servicio, el sacrificio propio, el cuidado, la sensitividad y el amor auténtico son capacidades naturales de las mujeres tal como D**s las creó. Sobre la base de su naturaleza, dada por D**s, las mu/jeres sobresalen al dedicar sus vidas a los otros, sea en la familia o en la sociedad. Ellas están llamadas a enseñarles a los hombres tal amor y servicio, algo que no es naturalmente dado al género masculino.

El "nuevo feminismo" es articulado para engendrar un movimiento de mu/jeres católico-romano de ala derecha, en apoyo a una política social y eclesiástica anti mu/jeres

---

12 Ivy A. Helman, *Women and the Vatican. An Exploration of Official Documents* (New York: Orbis Books 2012), p. 103.

propia del Vaticano.[13] Generalmente se pasa por alto que la retórica de Juan Pablo II está construida sobre la retórica de la "Mujer Eterna", inspirada en el Romanticismo alemán (Goethe: *Das ewig Weibliche zieht uns hinan.* El eterno femenino nos eleva hacia el cielo). Esto fue articulado nuevamente por Gertrud Von LeFort (1934) y Edith Stein (1932) entre otras, en el contexto de y como alternativa religiosa tanto a la emergente ideología de la "nueva mujer" como a la política del Nacional Socialismo alemán.[14] Ambas autoras enfatizan que la esencia y vocación de la mujer consiste en una maternidad espiritual y biológica.

Leída como una respuesta a los desarrollos tecnológicos y a los movimientos feministas internacionales, la sublime teología del Vaticano sobre la condición de la mujer termina siendo articulada como una ideología kyriarcal de la Dama (blanca), que justifica la postura de la jerarquía sobre el control natal y la exclusión de las mu/jeres de los cargos de la iglesia. Del mismo modo que en la Alemania Nazi,

---

13 Para su justificación intelectual, ver Michele M. Schumacher, ed., Women in Christ: Toward a New Feminism (Grand Rapids: Eerdman's Publishers, 2003); Elizabeth Fox Genovese, *Feminism is Not the Story of My Life: How Today's Feminist Elite Has Lost Touch With the Real Concerns of Mu/jeres* (New York: Doubleday Books 1996); Gloria Conde, *Mujer nueva: ellas. Hay una pequeña diferencia (*ed. Trillas, 2000) (English translation by Karna Swanson, Circle Press, 2008); Karen Doyle, *The Genius of Womanhood* (Pauline Books and Media, 2009) (Australia).

14 Renate Bridenthal, Atina Grossmann and Marion Kaplan, *When Biology Became Destiny* (New Feminist Library: 1984); Claudia Koonz, *Mothers in the Fatherland: Women, the Family, and Nazi Politics*, 1986. Koonz y Bridenthal establecieron que los líderes de los grupos feministas alemanes estaban satisfechos de aunarse a la 'Gleichschaltung', una política que buscaba adeptos a una doctrina específica y a una forma de pensamiento interesada en ejercer control sobre tantos aspectos de la vida como fuese posible. Las defensoras del régimen Nazi aceptaron la división de sexos hecha por los Nazis de una esfera pública para los hombres y una esfera privada para las mujeres.

así también en el Catolicismo Romano oficial de hoy en día, las mu/jeres del ala derecha y los movimientos de las mu/jeres son inspirados por la te*logía de la Mujer Eterna para extender su mensaje sublime pero opresivo entre las mu/jeres.[15]

Las luchas feministas por los derechos reproductivos de las mu/jeres y los derechos al control natal y a la interrupción segura del embarazo, así como la insistencia en los derechos a participar en la toma de decisiones y en los poderes sacramentales del ministerio de la iglesia, han engendrado la articulación del Nuevo Feminismo del Vaticano. Después de que el Papa Juan XXIII en su encíclica Pacem in Terris, y la Asamblea de Obispos en Vaticano II respaldaron la libertad religiosa y toda una serie de derechos civiles también para las mu/jeres, las luchas por los derechos eclesiales y reproductivos se han convertido en el punto medular de las luchas feministas católicas después del Vaticano II. En el contexto de una creciente voluntad para ordenar mu/jeres en las iglesias protestantes, la ordenación de las mu/jeres también se ha

---

15 See for instance *Women for Faith and Family (http://www.wf-f.org) Women of the Third Millenium (btpp://wttm.org/about.html) and* Endow (Educating on the Nature and Dignity of Women) established in the Archdiocese of Denver. (http://endowgroups.org/about-us/the-mission/) Como un programa educacional católico, Endow reúne mujeres para descubrir la dignidad que Dios les ha dado y para comprender su rol en el proceso de transformación y humanización de la sociedad. Endow utiliza pequeños grupos de estudio, conferencias y retiros con el fin de cultivar la fe, el compañerismo y la formación. Endow provee a las mujeres un forum en donde explorar y comprender qué significa ser una persona femenina creada a la imagen de Dios. Como base de este descubrimiento, Endow promueve el Nuevo Feminismo, tal como es definido por Juan Pablo II. El Nuevo Feminismo reconoce y afirma el "verdadero talento de las mujeres", y responde a la necesidad desesperada de nuestra cultura de una auténtica presencia femenina en cada aspecto de la vida y la sociedad.

convertido en un derecho controvertido en el catolicismo romano.

Una comisión para el control natal designada durante el Vaticano II, emitió un reporte que fue remitido, por cincuenta y dos votos contra cuatro al Papa Pablo VI en junio de 1966. La mayoría recomendaba que cualquier método de contracepción dentro de un marco de amor comprometido sería aceptable, en tanto fuese médica y psicológicamente sensato, mientras que una minoría de cuatro personas insistía en que la autoridad de las enseñanzas tradicionales era infalible. Pablo VI, quien estaba preocupado por el debilitamiento de la autoridad de la jerarquía para enseñar, se posicionó con la minoría en su encíclica Humanae Vitae (1968). Sin embargo, lo contrario terminó siendo el caso: la encíclica relativizó y socavó severamente la autoridad magisterial de la jerarquía, en tanto que la mayoría de los católicos y el clero rechazaron la enseñanza papal a la luz de su propia consciencia informada, y basados en los argumentos te*lógicos de la mayoría de los miembros de la Comisión Papal y de otros teólogos alrededor del mundo.

Mientras los sucesores de Pablo VI en el papado han continuado insistiendo en que la enseñanza tradicional sobre la contracepción no solo es invariable sino infalible, la mayoría de los católicos alrededor del mundo han rechazado esta enseñanza. Por ello, no se debe pasar por alto que la te*logía Papal sobre la condición de la mu/jer, la maternidad y la complementariedad, se ha desarrollado en el contexto de este debate sobre el control de la natalidad. El Vaticano ha insistido teológicamente en la naturaleza y esencia de las mu/jeres como la de una maternidad biológica o espiritual[16], y por medio de conferencias regionales de obispos y su representación en las conferencias de la Naciones Unidas, ha intentado impedir políticamente el financiamiento de programas de aborto y control natal para mu/jeres alrededor del mundo.[17] Para dar el más reciente ejemplo de esto: hace un par de semanas la Conferencia de Obispos de Polonia denunció un concilio de la Convención Europea que pretendía prohibir la violencia contra las mu/jeres, sobre la base de que el gobierno había consultado "solamente mujeres con puntos de vista izquierdistas", mientras que había ignorado grupos familiares y pro-vida. Los obispos polacos insistían en que el documento de la convención estaba equivocado al: "definir las diferencias como construidas socialmente" e "ignorando totalmente las diferencias biológicas naturales entre hombres y mujeres".[18]

Sin embargo, la mayoría de las mu/jeres católicas no han acogido el argumento Papal contra la contracepción artificial, y lo han rechazado por medio de su propia praxis. En los Estados Unidos, más del 90 % de los católicos han utilizado o utilizan contraceptivos, y la mayoría ha insistido consistentemente en que el aborto continúa siendo legal. Más recientemente Melinda Gates, una católica practicante, ha hecho público al mundo su compromiso de por vida, de proveer métodos de contracepción a las mu/jeres a

---

16 Ver el excelente análisis de Aline H. Kalbian, *Sexing the Church. Gender, Power and Ethics in Contemporary Catholicism* (Bloomington: Indiana University Press, 2005) 55 – 93.

17 Ver Rosemary Radford Ruther, *Catholic Does not Equal the Vatican: A Vision for Progressive Catholicism* (New York: The New Press, 2008) 41-59.

18 *The Tablet*, 14. July 2012, p. 24.

nivel mundial.[19] Ella argumenta que es necesario que las mu/jeres tengan el poder de decidir responsablemente como planificar y espaciar el nacimiento de sus niños, de modo tal que ellas puedan alimentar y educar a los hijos que han dado a luz. Se ha probado una y otra vez que el uso responsable de contraceptivos les ha permitido a las familias salir de la pobreza, mientras que la falta de contraceptivos efectivos conduce a un aumento de los abortos, del hambre y del empobrecimiento.

En resumen: la doctrina del Vaticano de la complementariedad de género presupone que la masculinidad y la feminidad son posiciones estructurales de sexo-género esenciales que existen en oposición binaria. Esta doctrina no insiste simplemente en el significado de género, sino decreta que los géneros son esencialmente diferentes y que cada género tiene que complementar a su opuesto. Aunque esta definición de género del Vaticano insiste en la absoluta igualdad del hombre y la mujer en su complementariedad, insiste en sostener sin embargo, que la función primaria del género femenino es la maternidad abnegada, basada en la condición física y sicológica de las mu/jeres. Las mu/jeres pueden alcanzar su potencial pleno sea por medio de la maternidad física o por medio de la maternidad espiritual, sacrificándose a sí mismas por otros.

La doctrina de la complementariedad basada en diferencias de género ontológicas, es utilizada también por la jerarquía para prohibir la admisión de las mu/jeres a los

---

19 http://www.colbertnation.com/the-colbert-report-videos/415947/june-27-2012/melinda-gates; http://ideas.time.com/2012/07/12/sorry-rome-us-catholics-more-like-melinda-gates/?iid=op-article-mostpop1#ixzz20XJaRjpi

cargos de la iglesia por medio de la ordenación. Dado que la masculinidad de Jesús es definida en términos de género masculino ontológicos, las mu/jeres no pueden representarlo por su falta de masculinidad ontológica. La posición de género estructural física y ontológica autoriza a los hombres, pero no a las mu/jeres, para sostener posiciones de poder institucional sagrado en la iglesia. Aunque esta doctrina de complementariedad de género contradice la doctrina de la encarnación, que no afirma que Jesús se hizo varón sino que se hizo humano, ésta es impuesta como una verdad infalible.

2. Los Movimientos de La Verdadera Mujer

Mi segundo ejemplo de esencialismo de género está tomado del contexto Evangélico Protestante. Aunque en los últimos 50 años han emergido diversos movimientos de mujer del ala derecha, yo me focalizaré aquí en un ejemplo paradigmático. El Movimiento de la Verdadera Mujer es un movimiento popular a nivel mundial, que de acuerdo a su sitio web nació el 11 de octubre de 2008, cuando seis mil mujeres se reunieron en Chicago, Illinois, para dar a conocer y firmar el Manifiesto de la Mujer Verdadera, en la Primer Conferencia de la Verdadera Mujer " Revive Nuestros Corazones". El sitio web explica su fundamento te*lógico:

"La semilla de este movimiento empezó a tomar forma en el corazón de Nancy Leigh DeMoss once años antes. Al leer acerca del desarrollo histórico del feminismo secular y religioso en la obra de Mary Kassian, *El Error Feminista*[20], su espíritu se activó dentro de ella. Cuando se dio cuenta de las poderosas

---

20 Mary Kassian, *The Feminist Mistake. The Radical Impact of Feminism and Culture* (2d ed. Wheaton: Crossway, 2005).

mentiras que habían sido infiltradas en toda una generación de mujeres, de la omnipresencia del pensamiento feminista en toda nuestra cultura, y de la medida en la que mujeres cristianas habían incorporado toda esta filosofía, empezó a preguntarse:

Si un puñado de mujeres ha logrado por medio de sus escritos y su influencia, destruir y lavar el cerebro de una generación completa con sus filosofías ateas, ¿qué podría hacer Dios con un puñado de mujeres que estuviesen determinadas a "reclamar el territorio perdido"?

El sitio continúa diciendo: "desde el inicio del movimiento en 2008 hemos venido presenciando a Dios 'recobrar el territorio perdido'". Más de 20.000 mujeres han atendido las cuatro conferencias nacionales de "La Verdadera Mujer", y han salido vitalizadas y preparadas para alentar a mujeres dentro de sus propias esferas de influencia.[21]

En mayo de 2012, la primera conferencia internacional Revive Nuestros Corazones tuvo lugar en Santo Domingo (República Dominicana)[22], lo que indica que el movimiento tenía la intención de propagarse también en América Latina.

Parte del Manifiesto de la Verdadera Mujer dice[23]:

- "Como mujeres cristianas deseamos honrar a Dios, viviendo vidas contra-culturales que reflejen la belleza de Cristo y su evangelio para el mundo.

---

21 http://www.truewoman.com

22 http://www.reviveourhearts.com/resource-library

23 Traducción española en: http://www.truewoman.com/?id=980

Con este fin nosotras afirmamos que…

- La escritura es el instrumento autoritativo de Dios para instruirnos en Sus caminos y revelarnos Su modelo santo para nuestra condición de mujeres, nuestro carácter, nuestras prioridades, y nuestros varios roles, responsabilidades y relaciones.

- Hombres y mujeres son ambos creados a imagen de Dios e iguales en valor y dignidad, pero ellos tienen distintos roles y funciones en el hogar y en la iglesia.

- Como mujeres estamos llamadas a afirmar y alentar a los hombres en su búsqueda por expresar la masculinidad divina, y honrar y apoyar el liderazgo masculino ordenado por Dios en el hogar y en la iglesia.

- El matrimonio, como ha sido creado por Dios, es un pacto sagrado para toda una vida que liga a un hombre y a una mujer.

- Cuando nosotras respondemos humildemente al liderazgo masculino en nuestras casas e iglesias, demostramos la noble sumisión a la autoridad que refleja a su vez la sumisión de Cristo a Dios su Padre.

- La insistencia egoísta en los derechos personales es contraria al espíritu de Cristo, que se humilló así mismo, tomando la forma de Siervo y dando su vida por nosotros.

- La vida humana es preciosa para Dios y debe ser valorada y protegida desde el momento de la concepción hasta su muerte.

- Los niños son una bendición de Dios; las mujeres están designadas de una forma única para ser portadoras y cuidadoras de la vida, sea de sus propios niños biológicos o de niños adoptados, o de otros niños en su esfera de influencia.

- El plan de Dios para el género va más allá del matrimonio; todas las mujeres, casadas o solteras, deben ser modelo de feminidad en sus varias relaciones, exhibiendo para ello una modestia distintiva, sensibilidad y un espíritu de gentileza.

Dado que la lista de afirmaciones es mucho más larga, he seleccionado aquellas que son claves para la construcción de la imagen religiosa de género del movimiento. Mientras el movimiento Nuevo Feminismo Católico-Romano y su definición de género y complementariedad de género, razona ontológicamente, los movimientos evangélicos protestantes de Condición de la Mujer Radical y de la Verdadera Mujer fundamentan sus postulados en la Escritura, especialmente Génesis 1-3, Efesios 5 y I Timoteo, para fundamentar la complementariedad de género.[24] Ambos movimientos pasan por alto que "la complementariedad de género", es una conceptualización

---

24 Ver Susanne Scholz, "The Christian Rights Discourse on Gender and the Bible," *Journal of Feminist Studies in Religion* 21 (2005) 83-104; ver también su artículo "The Forbidden Fruit for the New Eve: The Christian Right's Adaptation to the (Post) Modern World", en: David Cheetham, Ulrich Winkler, Oddbjørn Lirvik and Juditth Gruber, *Interreligious Hermeneutics in Pluralistic Europe: Between texts and People* (Amsterdam: Odopi, 2011), 289-315.

Romántica moderna de la mujer y del matrimonio, que ha reemplazado el mandato kyriarcal de la Escritura para la subordinación y la sumisión, tal como los encontramos en el así llamado Código Doméstico de la tradición textual. Hoy en día, La Derecha Religiosa insiste no solo en la complementariedad de género del matrimonio heterosexual, sino que rechaza también los matrimonios de un mismo sexo.

Sin embargo, Mary Kassian, a quien el Movimiento de la Verdadera Mujer considera su Madrina intelectual, no estructura su libro en términos del argumento de complementariedad de género, sino que deriva su estructura de la autora Mary Daly, quien hace 40 años escribió en su libro *Más Allá de Dios el Padre* que, bajo el patriarcado "el poder de nombrar había sido robado de nosotras las mu/jeres". Daly dirige nuestra atención a la segunda historia de creación del libro de Génesis, en la que Adán da nombre a todos los animales y también a la mujer. La mujer por sí misma, sin embargo, no nombra a nadie, ni a nada. De esto Daly saca la siguiente conclusión:

> Las mu/jeres están comprendiendo ahora que la imposición universal de nombres hecha por los hombres ha sido falsa y parcial, porque existir humanamente es nombrarse así, al mundo y a D**s.[25]

Pero las mu/jeres no carecen simplemente del poder sagrado de nombrar porque nuestra naturaleza femenina no nos permite esto, sino que este poder sagrado de nombrar, ha sido denegado activamente a las mu/jeres. Para citar un texto familiar de San Pablo:

---

25 Mary Daly, *Beyond God the Father* (Boston: Beacon Press, 1984) p. 8.

"Como en todas las iglesias de los santos, las mujeres callen en las asambleas; que no les esté permitido tomar la palabra; antes bien, estén sumisas como también lo dice la Ley. Si quieren aprender algo, pregúntenlo a sus propios maridos en casa; pues es indecoroso que la mujer hable en la asamblea. ¿Acaso ha salido de vosotros la palabra de Dios? O ¿solamente a vosotros ha llegado?" I Corintios 14.33-36.

La mujer oiga la instrucción en silencio, con toda sumisión. No permito que la mujer enseñe ni que domine al hombre. Que se mantenga en silencio. I Timoteo 2.11-12

A través de los siglos, tanto la te*logía como las instituciones de educación superior centradas en el varón, han silenciado a las mu/jeres impidiéndonos el ejercicio de posiciones de autoridad religiosa, y nos ha excluido del ministerio ordenado y de la teología académica. Por ello, la te*logía feminista busca específicamente empoderar a las mu/jeres para ser sujetos te*lógicos, para participar en la construcción crítica de significado religioso y te*lógico, y para reclamar nuestra autoridad para hacer esto. Tras siglos de silencio y exclusión de los estudios te*lógicos y el liderazgo religioso, las mu/jeres cristianas hemos llegado hoy a la academia y al ministerio a reclamar nuestra herencia religiosa. En los últimos 40 años las mu/jeres hemos recobrado nuestra voz y hemos comenzado a hablar.

Kassian por lo tanto, estructura su anti-historia del movimiento feminista en tres partes, siguiendo el esquema de Daly: (1) nombrando el sí mismo, (2) nombrando al mundo, y (3) nombrando a D**s; pero ella narra esto como una historia de triunfo con un final desastroso. Al principio las mu/jeres, de acuerdo con ella, querían superar su diferencia biológica con el fin de ser igual a los hombres, esto es, lo mismo que los hombres. Consecuentemente, las feministas lucharon por legalizar el aborto, los cambios en la ley respecto al matrimonio, la equidad de salarios, la acción afirmativa, los servicios de guardería y los cambios en el lenguaje. En la segunda fase, Nombrando al mundo, las feministas enfatizaron su fortaleza, y agregaron temas tales como los derechos de los pueblos originarios, los derechos homosexuales, el des-armamento y la política centrada en temas de la mujer. En la tercera fase, el feminismo se movió hacia espiritualidades esotéricas y temas de consciencia ecológica, tales como la contaminación ambiental, los derechos de los animales y la preservación de los bosques húmedos. Cuando el feminismo alcanzó esta tercera fase en Norteamérica, todas las metas feministas de las dos fases anteriores habían sido alcanzadas.[26]

De acuerdo a Kassian, la sociedad había aceptado todas las metas feministas: el aborto, el servicio de guardería, el divorcio, la libertad sexual y la acción afirmativa. Como una droga intravenosa, el pensamiento feminista había invadido hasta tal punto nuestra cultura que hablar del designo clemente de D**s sobre la condición de la mujer, se convertía para ella en algo muy difícil:

"Hoy en día, proponer que los hombres están mejor adaptados para proveer a sus familias o para ocuparse de tareas tales como la milicia, la policía, el combate del fuego o los cargos de jefatura ejecutiva de corporaciones, o que las mujeres están mejor adaptadas para cuidar a sus niños, sería equivalente a la herejía cultural de... sugerir que la acción afirmativa y que las cuotas de género son dañinas en los lugares de trabajo, o que los libros de texto podrían estar llenos de imágenes de padres como proveedores o de madres como cuidadoras, y serían vistas con incredulidad. Aún aquellos dentro de la iglesia, que

---

26 Mary Kassian, pp. 280-281.

creen que D**s les ha dado a los hombres y a las mu/jeres roles únicos, verían esto como algo anticuado...".[27]

Las luchas feministas por los derechos productivos y el liderazgo en la iglesia

En lugar de terminar con esta supuesta historia de éxito del feminismo que alienta la te*logía de los contramovimientos religiosos femeninos, quiero contextualizar mis reflexiones en mi propio contexto religioso y sociopolítico estadounidense, con el fin de invitarles a ustedes a reflexionar en sus propios contextos. Mientras que Mary Kassian se lamenta del éxito del feminismo contra el plan bíblico de D**s para la condición de la mujer, para la condición de hombre y para la familia, Nancy L. Cohen ve el desarrollo de los Estados Unidos en los últimos 50 años como el resultado de una reacción conservadora contra la revolución sexual de los años 60. Cuando la primera píldora para el control natal llegó al mercado en 1960, se hizo posible para las mu/jeres exigir sus derechos civiles plenos, y determinar su futuro al ser capaces de regular tanto la concepción como el embarazo.

Los fundamentalistas sexuales, como Cohen llama a los movimientos anti-feministas, están luchando por un mito. Este mito es el mito de la clase media tradicional, de la familia blanca dirigida por un varón, propia de los Estados Unidos de mediados del siglo pasado, cuando el hombre era quien ganaba el sustento y la mujer se encargaba del

---

27 Mary Kassian, pp. 286-287. Ver también Carolyn McCulley, *Radical Womanhood: Feminine Faith in a Feminist World* (Chicago: Moody Publishers, 2008) que fue escrito "por una antigua feminista quien adopta hoy la distinción entre hombres y mujeres" (cubierta del libro).

hogar y era sujeto de muchos embarazos, un ideal que "en tiempos pasados solo las personas protestantes de clase alta, educadas y de medios urbanos podían darse el lujo de llevar a cabo".[28]

Mientras que en los 20 años que siguieron a la Segunda Guerra Mundial, familias de hombres blancos de clase trabajadora podían vivir este ideal, las familias pobres, inmigrantes o negras no tenían acceso a ello. Al final de los años 1970, cuando el crecimiento de los ingresos se estancó, aún las mu/jeres casadas blancas de clase media tuvieron que unirse a la fuerza laboral con el fin de mantener los ingresos familiares. Tomando en cuenta un análisis de clase y raza, los esfuerzos del Catolicismo Romano y del Protestantismo por teologizar la familia nuclear burguesa de clase media-alta como ontológicamente dada o divinamente revelada, son expuestos como una retórica masculina colonial de élite, que promueve el ethos de la Dama Blanca y defiende el orden kyriarcal.

Dado que ellos no han podido mantener este orden kyriarcal, tanto la jerarquía Católico-Romana como los grupos fundamentalistas Protestantes, han recurrido en los Estados Unidos a medios políticos, con el fin de destruir lo logros feministas alcanzados en los últimos 50 años en el campo legal e ideológico. Su política ha consistido en aprobar y justificar la creciente guerra contra todos, pero especialmente contra los pobres y las mu/jeres de clase trabajadora. Sus ataques a los derechos reproductivos de las mu/jeres respecto de la contracepción y el aborto legal

28 Nancy L. Cohen, *Delirium. How the Sexual Counterrevolution is Polarizing America – A Groundbreaking Investigation into the Shadow Movement that Fuels our Political Wars* (Berkeley: Counterpoint, 2012), p. 13.

seguro, tanto a nivel estatal como nacional, son luchas que se dan en nombre de la libertad religiosa. En este proceso, los derechos de todas las mu/jeres son puestos en peligro.

Se puede arrojar más luz sobre el contra-movimiento cristiano feminista de la Derecha, cuando uno ve sus argumentos y políticas a la luz de la noción de "interpelación ideológica" de Louis Althusser. Su descripción de "cómo un ser humano se convierte en un sujeto autoconsciente", es parte de su "argumento de que los regímenes o estados son capaces de mantener el control, reproduciendo sujetos que creen que su posición dentro de la estructura social es natural". Instituciones tales como las escuelas, la familia, las iglesias o los medios de comunicación:

"Proveen a la persona en desarrollo categorías por medio de las cuales ella puede reconocerse a sí misma. En tanto una persona hace esto y asume las prácticas asociadas con aquellas instituciones, ella ha sido afortunadamente "llamada" o "interpelada", y se reconoce a sí misma como el sujeto que hace tal tipo de cosas".[29]

Mientras que la ideología dominante trabaja constantemente para reparar las "rupturas" generadas por las contradicciones de las sociedades y las religiones kyriarcales, la crítica feminista del kyriarcado apunta tanto a las contradicciones que se dan entre las promesas políticas democráticas de igualdad, la autodeterminación y la libertad en sociedades modernas, como a la subordinación de las

---

29 Ver Lewis, William, "Louis Althusser", *The Stanford Encyclopedia of Philosophy (Winter 2009 Edition)*, Edward N. Zalta (ed.), URL = <http://plato.stanford.edu/archives/win2009/entries/althusser/>.

mu/jeres, la explotación y la exclusión global en muchas áreas de la vida socio-política y religiosa.[30]

En pocas palabras, la Derecha Feminista Religiosa busca fortalecer el poder capitalista kyriarcal recurriendo a argumentos esencialistas filosóficos o de la Escritura, y organizando a las mu/jeres blancas de clase media, las damas del sistema kyriarcal, contra el ejercicio que hacen las mu/jeres pobres de sus derechos ciudadanos en la sociedad y en la iglesia. Para entender esta estrategia política no basta un análisis de género. Se hace necesario adoptar un análisis crítico kyriarcal-interseccional y te*lógico que pueda hacer consciente, cómo los textos y doctrinas religiosas inscriben el kyriarcado, y cómo el kyriarcado se re-inscribe a sí mismo una y otra vez en las enseñanzas religiosas y en la imaginación individual.[31]

Además, la Derecha Religiosa ha organizado exitosamente las mu/jeres de base en grupos de estudio y movimientos sociales, con el fin de apoyar la formación de una identidad "femenina global" y una dependencia de la autoridad religiosa, mientras que las feministas liberacionistas se han organizado en círculos académicos en torno a temas de "política de identidad" cultural, aunque están menos preocupadas por proveer a los movimientos feministas populares en el ámbito de la religión, de un espacio intelectual. Esto se ha debido en parte al hecho de que las feministas en te*logía y religión carecen de los

---

30 Ver Rosemary Hennessy, *Materialist Feminism and the Politics of Discourse* (New York: Routledge, 1993), p. 92.

31 Para un desarrollo más completo de este argumento, ver mis libros *The Power of the Word. Scripture and the Rhetoric of Empire* (Minneapolis: Fortress Press, 207); y *Democratizing Biblical Studies. Toward an Emancipatory Educational Space* (Louisville: Westminster John Knox Press,2009).

recursos institucionales disponibles para los movimientos del Nuevo Feminismo y la Mujer Total, y han tenido poco reconocimiento de los así llamados movimientos feministas y académicos "seculares". Sin embargo, de cara a la movilización de las mu/jeres hecha por la Derecha, es importante que las feministas liberacionistas organicen nuevamente grupos de concientización y de toma de conciencia, movidos por la intuición de que: antes de que podamos cambiar el kyriarcado como un sistema de dominaciones inter-estructuradas, nosotras debemos cambiarnos a nosotras mismas, y elevar nuestra conciencia de mu/jeres.[32]

Bell Hooks ha señalado que a finales de los año 70, la política del movimiento radical de los estudios de las mu/jeres fue reemplazada en muchos casos por el reformismo liberal escolar, que reemplazó a los grupos de toma de consciencia "The Free for All".

Una vez que los estudios de las mu/jeres reemplazaron a los grupos de toma de consciencia, como el sitio primario para el pensamiento feminista y las estrategias para el cambio social, el movimiento perdió su potencial basado en las masas.[33]

Mi propia experiencia es similar: a finales de los /70 yo era parte de un grupo de te*logas feministas católicas que se reunía para discutir acerca de la educación te*lógica feminista. Hasta donde puedo recordar, nosotras trabajamos varios modelos diferentes de educación te*lógica, pero puedo recordar solamente dos de ellos: uno de ellos fue

32 Ver Bell Hooks, *Feminism is for Everybody: Passionate Politics* (Cambridge, MA: South End Press, 2000), 1-18.

33 *Ibid,* p. 10.

el "modelo de escuela central" de educación te*lógica,
que requiere que los estudiantes se trasladen y tengan
su residencia en la universidad o en la escuela te*lógica.
Este modelo fue adoptado e institucionalizado como el
Centro Teológico Ecuménico de las mu/jeres, ubicado en
la Escuela Episcopal de Divinidades en Cambridge.

El otro modelo propuesto por el grupo en el que
participé, fue un modelo "satélite" descentralizado de
educación te*lógica, empleado a menudo en los programas
de Ministerio en Divinidades. Sin embargo, nuestro modelo
educacional no giró alrededor de una "escuela", sino en
torno a un círculo de teólogas feministas y trabajadores
del movimiento. Este modelo tenía como meta equipar
teológicamente a líderes feministas para formar grupos de
discusión feminista para la toma de consciencia por todo
el país. Este modelo buscaba que los "líderes teológicos"
(estudiantes) permanecieran en sus lugares de origen, con
el fin de formar grupos locales de discusión y lectura de
mu/jeres como parte del programa, y que se reunirían
regionalmente varias veces al año con un equipo facilitador
de te*logas feministas (facultad). Se esperaba que tales
grupos desarrollaran la fuerza suficiente para que nosotras
pudiéramos reunirnos una vez por año, o cada dos años
en reuniones de te*logas feministas a nivel nacional e
internacional.

Este modelo tenía varias fortalezas: no requería que las
mu/jeres se desplazaran a una escuela te*lógica, y permitía
especialmente a las mu/jeres casadas y con limitaciones
financieras involucrarse en estudios te*lógicos feministas.
Al mismo tiempo, este modelo de educación te*lógica
estaba designado para dar origen a grupos locales del
movimiento feminista en parroquias, comunidades,

círculos profesionales, familiares y de amigos, y ponerlos en contacto unos con otros para discutir temas acerca de su fe y de la iglesia. Así, este modelo desarrollaría una educación te*lógica y un liderazgo te*lógico feminista, y facilitaría al mismo tiempo grupos de mu/jeres. Sin embargo, este modelo educacional no tuvo seguimiento por parte del grupo en aquel momento, y hasta donde puedo ver no ha sido desarrollado ni llevado a cabo en otro contexto te*lógico.

Como consecuencia de esto, la te*logía feminista ha sido desarrollada en su mayor parte por la segunda y tercera generación de teólogas feministas en torno a organizaciones académicas y en un contexto académico. Por ejemplo, el libro *Frontiers in Catholic Feminist The*logy: Shoulder to Shoulder*,[34] editado por Susan Abraham y Elena Procario-Foley, puede servir como un ejemplo. El editor afirma: "este libro tuvo su origen en el Taller de Teología Constructiva y busca reunir feministas católicas que hacen te*logía y enseñan educación teológica en universidades católicas. Sin embargo, una ubicación de la te*logía feminista y de la educación te*lógica en el espacio de la academia, ha tenido la tendencia de hacer la te*logía feminista responsable primariamente ante la academia, de marginalizarla institucionalmente y de co-optar sus esquemas o de silenciar del todo el trabajo te*lógico feminista. Las teólogas feministas e instituciones católicas son controladas crecientemente por la jerarquía, y en su calidad de "monjas" son sujetos de represión y silenciamiento por el Vaticano, como lo ilustra el caso

---

34 Susan Abraham and Elena Procario-Foley, ed. *Frontiers in Catholic Feminist The*logy: Shoulder to Shoulder* (Minneapolis: Fortress Press 2009).

de los documentos emitidos respecto de Ivone Gebara, Elizabeth Johnson y Margaret Farley.

En contraste con la situación de la te*logía académica feminista, la educación de las mu/jeres del ala derecha en las doctrinas del Nuevo Feminismo ha recibido un enorme apoyo institucional. Así, el modelo de "concientización te*lógico feminista" que nosotras imaginamos hace 30 años pero no realizamos, ha sido co-optado y parcialmente realizado por ejemplo, por Endow (Educating on the Nature and Dignity of Women), aunque con un contenido diferente. Al buscar en Google "nuevo feminismo", me encontré con el siguiente artículo: "Enseñando el 'Nuevo Feminismo' de Juan Pablo II – una mujer a la vez".[35] Endow fue creado por Terri Polakovic quien en noviembre de 2011 recibió por su trabajo *Pro Ecclesia et Pontifice Cross*, la más alta distinción papal que una persona laica puede recibir. De acuerdo con ella, Endow tuvo actividades en más de 80 diócesis el año pasado, y ha organizado e involucrado a casi 3.800 mu/jeres en grupos de estudio de Endow. Además, tienen un sitio web muy atractivo y de fácil acceso. Ella explica:

> *Las siglas ENDOW significan: educando sobre la naturaleza y la dignidad de la mujer. Lo que nosotras hacemos es desarrollar guías de estudio para para ser usadas en pequeños grupos de estudio de mujeres. Todas las mujeres comienzan leyendo la "Carta a las Mujeres" de Juan Pablo II de 1982. Muchas mujeres nunca han leído un documento de la iglesia, nosotras creemos que este es un magnífico punto para comenzar. Tenemos además, diez estudios adicionales.*

---

35 http://www.ncregister.com/daily-news/teaching-john-paul-iis-new-femi-nism-1-woman-at-a-time#ixzz1zlCq6ZJT.

ENDOW forma a la mujer. Nosotras tenemos mujeres de 18 a 80 años. Nuestra idea es que las mujeres permanecerán juntas como si estuviesen en un club de lectura. Usualmente las mujeres estudian algo en el otoño y en la primavera, y toman tiempo libre en el verano. Recientemente hemos sacado nuestra segunda Guía de Estudio sobre las enseñanzas de Santo Tomás de Aquino, y estamos casi listas para sacar una nueva guía de estudio de la Encíclica Deus Caritas Est (Dios es Amor) del Papa Benedicto. Nosotras publicamos una guía de estudio cada dos años.

Cuando comenzamos teníamos una pareja de internas universitarias trabajando con nosotras. Ellas hicieron un proyecto al final del verano en el cual diseñaron una habitación dentro de una iglesia local, en la que mostraban fotografías de cómo eran presentadas la mujeres en las revistas, los anuncios comerciales y la música, y tomaron un grupo de estudiantes de secundaria para que observaran las fotografías. A las estudiantes les gustó mucho la actividad, pero cuando fueron a sus casas, sus madres reprobaron lo que les estaban enseñando. Fue allí donde nosotras comprendimos que debíamos educar también a las madres, para que ellas pudieran educar a sus hijas.

Este año nos focalizamos en programas escolares de ciclo medio y de educación secundaria. Hay una gran necesidad en nuestra cultura, debemos prestarles atención a las mujeres jóvenes.

Yo estoy de acuerdo completamente con la última afirmación: las feministas en religión necesitan crear espacios para la educación religiosa feminista porque hay una gran necesidad de ella. Una de las preguntas más apremiantes a la que las te*logas y ministros feministas deben responder es: ¿cómo podemos crear organizaciones feministas alternativas, grupos y medios de información para la concientización y el apoyo en comunidades religiosas y te*lógicas a nivel global y local?

En lugar de dejar de lado la insistencia sobre la importancia de la te*logía feminista y la necesidad de una educación te*lógica feminista, por ser ésta demasiado intelectual o demasiado académica, nosotras debemos dedicar tiempo a preguntarnos ¿qué necesitamos hacer y qué podemos hacer con el fin de ser capaces de desarrollar positivamente y enseñar un feminismo liberacionista crítico? ¿Cómo podemos formular y comunicar una comprensión te*lógica feminista en los espacios institucionales religiosos que pueda sostener movimientos liberacionistas de feminismo alternativo en tiempos de la globalización neoliberal? ¿Cómo podemos crear espacios de ekklesía democráticos radicales para articular, desarrollar, comunicar y debatir la te*logía feminista y las prácticas espirituales de concientización? ¿Cómo podemos desarrollar un imaginario socio-político alternativo al kyriarcal que abra un diferente futuro feminismo?

Intentaré responder a estas inquietudes en el siguiente capítulo, desarrollando la noción de la ekklesía de las mu/ jeres como un imaginario socio-político y religioso que busca articular las dimensiones simbólicas y creativas de un mundo socio-político y religioso, dimensiones por medio de las cuales los seres humanos puedan crean espacios para vivir juntos y para representar su vida colectiva.[36]

[Traducido por J.E. Ramírez]

---

36 John B. Thompson, *Studies in the Theory of Ideology* (1984) p. 6.

3

Hacia una imaginación democrática radical: la ekklēsia y la cosmopolis de las mu/jeres

Tal como hemos visto en el capítulo anterior, la religión cristiana derechista predica como "buenas nuevas para las mu/jeres" una identidad femenina subordinada y esencialista, basada en el ideal cultural de la "Dama Blanca". Este "evangelio de feminidad" es kyriarcal porque aboga una ciudadanía de segunda clase para las mu/jeres en términos religiosos. Apoya "la globalización desde arriba", que ha resultado en la negación de los derechos humanos para las mu/jeres, y el aumento en la pobreza entre mu/jeres y entre niños dependientes de mu/jeres.

El inculcar una identidad femenina esencializada como identidad subordinada,[1] sirve a los intereses de ganancia de

---

1 Para una comparación problematizadora de la diferencia entre las nociones de dualidad y opuestos complementarios en la espiritualidad indígena con la noción de complementariedad en la teología católica romana, ver Sylvia Marcos, "Indigenous Spirituality and the Politics of Justice: Voices from

la explotación global que busca cortar o eliminar la red de bienestar social que hace posible la sobrevivencia para las mu/jeres pobres y desfavorecidas y sus hijos. Al organizar a las mu/jeres religiosas a partir del fundamento ideológico de "lo eterno femenino", este "evangelio de feminidad" intenta defender los privilegios de mu/jeres blancas de clase media y alta que, hasta la globalización del mercado, tenían el privilegio de no tener que trabajar fuera del hogar.

Mientras la retórica de esencialismo y dualismo de género macho/hembra del feminismo derechista ha mencionado de paso las diferencias entre mu/jeres, el feminismo liberacionista multicultural en religión ha celebrado las diferencias entre mu/jeres. Sin embargo, no hemos logrado organizar y movilizar a las mu/jeres en religión a partir de sus diferencias culturales y nacionales, para formar una alianza transnacional o un movimiento feminista global en religión. Además, las feministas en religión han reaccionado en contra del "evangelio de feminidad" con opciones opuestas, tales como "o religiosa o feminista" y "o tú luchas por derechos iguales con un clero masculino, o sales de la religión y las instituciones religiosas tales como la iglesia, la sinagoga, la mezquita o el templo." Esta opción exclusiva exige escoger: o aceptación de la religión kyriarcal o rechazo de los recursos espirituales de la religión en la lucha de las mu/jeres para sobrevivir la explotación global.

---

the First Summit of Indigenous Women of the Americas," en *Women and Indigenous Religions* (ed. Sylvia Marcos: Santa Barbara: Praeger, 2010), 45-68; Para una evaluación crítica ver Morna Macleod, "Drawing the Connection: Mayan Wo/men's Quest for a Gendered Spirituality," *ibid.,* 195-215.

Para articular una visión teológica o religiosa alternativa a la explotación global, es muy importante conceptualizar un imaginario religioso-político feminista que no enfoque una "esencia femenina", sino más bien la esperanza y la visión que motiva a las mu/jeres en su lucha contra la explotación y el vilipendio global kyriarcal. Para hacerlo, he tomado en cuenta los diálogos de la democracia radical en la teoría política feminista[2] y estudios críticos legales[3] que buscan reconceptualizar los discursos políticos y legales como sitios de lucha para los derechos humanos como derechos de las mu/jeres.

El desarrollo de la globalización neoliberal, que ocurre frente a un telón de fondo de movimientos fundamentalistas kyriarcales en todas las religiones y regiones, también ha engendrado la aparición de nuevos discursos feministas cosmopolitas. El feminismo cosmopolita rechaza una imposición occidental de universalismo democrático, pero retiene un compromiso feminista a proyectos políticos que sean liberadores y fundamentados en la democracia. En el corazón de feminismo cosmopolita está la afirmación moral de la dignidad y la igualdad de todo ser humano y su bienestar, una afirmación que requiere la búsqueda de la justicia para todos los ciudadanos del mundo sin excepción.

---

2 Ver, por ejemplo, Seyla Benhabib, ed., *Democracy and Difference: Contesting the Boundaries of the Political* (Princeton, NJ: Princeton Univ. Press, 1996) y Chantal Mouffe, ed., *Dimensions of Radical Democracy* (London: Verso, 1992).

3 Ver, por ejemplo, Mary Frug, *Postmodern Legal Feminism* (New York; Routledge, 1992); Martha Minow, *Equality and the Bill of Rights* (Ithaca, NY: Cornell Univ. Press, 1992) y *Identities* (New Haven, CT: Yale Univ. Press, 1991). Ver también H. Markus, R. Schweder y M. Minow, eds., *The Free Exercise of Culture* (NYC: Russell Sage Foundation, 2001).

Según Niamh Reilly,[4] el feminismo cosmopolita implica los siguientes elementos mutuamente constitutivos, que "necesitan tomarse juntos para comprender el feminismo cosmopolita como un marco político transformador". Este marco necesita ajustarse al feminismo cosmopolita en religión. Construyendo mi aporte sobre sus afirmaciones, quisiera señalar los siguientes elementos de este marco:

1. Un compromiso crítico con la ley pública internacional necesita complementarse con un diálogo sobre la ley religiosa y los sistemas de creencia.

2. Una conciencia feminista global y una espiritualidad que desafíe el intercambio sistémico de las relaciones de poder kyriarcales en la sociedad y la religión.

3. Reconocimiento de la interconectividad kyriarcal y un compromiso organizado con un diálogo que cruce fronteras, culturas y religiones, que forme redes y haga una crítica política y socio-teológica.

4. El desarrollo de estrategias regionales y globales de apoyo colaborativo y un intercambio intelectual alrededor de asuntos y luchas concretos.

5. La utilización de instituciones existentes y la creación de nuevas formas de comunicación, grupos interculturales locales, organizaciones transnacionales globales y foros globales, como sitios de intercambio cosmopolita entre feministas dentro y fuera de religiones, entre religiones o solidaridad interreligiosa y ciudadanía cosmopolita.

---

4 Niamh Reilly, "Cosmopolitan Feminism and Human Rights," *Hypatia* 22/4 (2007), 180-198. 184.

Como un sitio político, práctico, teórico, democrático y radical de este feminismo cosmopolita, he introducido y explicado en mi obra el imaginario de la *ekklēsia de mu/jeres*. Al agregar "mu/jeres", que significa todos los excluidos de la democracia, advierto a los lectores no identificar la democracia con la democracia hegemónica de los Estados Unidos que, según Andrea Smith, "se presenta, por una parte, como un país democrático, pero simultáneamente se establece sobre el genocidio pasado y presente de los pueblos nativos, del otro lado".[5] Al introducir la idea democrática radical de la *ekklēsia de mu/jeres* como una alternativa feminista religioso-política a los discursos esencialistas femeninas, he buscado redefinir teóricamente el binario feminista de exigir aceptar o rechazar la religión, ya que inscribe de nuevo la división dualista entre religión y cultura, religión y derechos democráticos, o movimientos religiosos y seculares de las mu/jeres. Tal redefinición es posible porque la palabra griega *ekklēsia* tiene un doble sentido: connota tanto la asamblea democrática de ciudadanos plenos como la comunidad religiosa, la iglesia.

Ekklēsia se entiende mejor en términos político-religiosos, y se traduce como "el congreso democrático" de ciudadanos plenos con poder de decisión. La noción de *ekklēsia* se constituye en igualdad democrática, ciudadanía y poder de decisión. Al mismo tiempo, se determina la palabra griega *"ekklēsia"* por un contexto de lenguaje cristiano y por lo general se traduce como "iglesia", aunque la raíz original de la palabra de iglesia se deriva de la palabra griega *kyriarchē*. Por lo tanto, aunque comúnmente

---

5 Andrea Smith, "First Nation, Empire and Globalization," in Sheila Briggs and Mary McClintock Fulkerson, eds, *The Oxford Handbook of Feminist Theology* (New York: Oxford University Press, 2011), 307-331. p.314s.

se traduce como "iglesia", *ekklēsia* más correctamente significa congreso, o sea, la asamblea democrática de ciudadanos plenos que se reúnen para tomar decisiones sobre asuntos pertenecientes a sus derechos y bienestar. Ya que la democracia ha sido deformada kyriarcalmente, y que por siglos las mu/jeres y otros no-personas han sido excluidos de los derechos democráticos y el poder de decisión, es importante cualificar *ekklēsia* con mu/jeres.

Las luchas actuales por el derecho del control de la natalidad y la interrupción del embarazo, documentan que las mu/jeres tienen todavía que luchar por sus derechos democráticos plenos de decisión, en democracias kyriarcales y comunidades religiosas. Estas luchas no constituyen una cuestión de opciones, sino un reclamo de nuestros derechos ciudadanos para decidir nuestro propio futuro y el de nuestros hijos. En estas luchas feministas por nuestros derechos ciudadanos en la sociedad y la religión, la *ekklēsia de mu/jeres*, radical y democrática, llega a ser una realidad alternativa al kyriarcado. La plena ciudadanía de las mu/jeres en la sociedad y la religión ha sido parcialmente lograda, pero al mismo tiempo es una tarea que queda por realizar aún.

Sin embargo, se ha señalado correctamente[6] que el término *ekklēsia* se entiende generalmente como un término cristiano y por lo tanto no puede funcionar en distintos contextos culturales para designar un sitio feminista alternativo al kyriarcado. Este argumento sólo puede sostenerse si no se entiende la función política del término.

---

6 Ver, por ejemplo, Musa W. Dube, *Postcolonial Feminist Interpretation of the Bible* (St. Louis, Mo.: Chalice, 2000); Ead., "Villagizing, Globalizing and Biblical Studies," en *Reading the Bible in the Global Village: Cape Town*, eds. Justin S. Upkong, et al. (Atlanta, Ga: Scholars, 2002), 41–64.

La noción de la *ekklēsia de mu/jeres* se conceptualiza como un horizonte radical y democrático que busca superar la división entre movimientos sociales seculares y religiosos. Su traducción como "iglesia de mu/jeres" se expone a perder el sentido democrático radical del término griego *ekklēsia*. Por el hecho de que en los idiomas latinos la palabra *"ekklēsia"* significa iglesia, *ekklēsia de mu/jeres* se puede malentender como una noción cristiana religiosa, y no tanto como un concepto y movimiento democráticos radicales.

Esta reducción de *ekklēsia* a "iglesia", también pasa por alto que las raíces lingüísticas de iglesia no son eclesiales sino derivadas de la palabra griega *kyriakē,* que significa perteneciente al Señor, emperador, dueño de esclavos, padre, caballero. El hecho de reducir el significado de *ekklēsia* a "iglesia" también introduce la oposición tradicional entre iglesia y sinagoga, que tradicionalmente se representa con dos figuras femeninas antagónicas. Aunque primero presenté la expresión *ekklēsia de mu/jeres* en el contexto del movimiento de mu/jeres católicas,[7] he buscado desarrollar el aspecto político de *ekklēsia* en mis obras posteriores.

Teóricamente, los conceptos simbólicos de *cosmopolis* y *ekklēsia de mu/jeres* buscan desarrollar *"democratics"* como horizonte para las luchas feministas tanto en la religión como en la sociedad en general. Tomo el término *"democratics"* de Chela Sandoval, quien lo ha teorizado como uno de los métodos de los oprimidos y lo ha delineado de la siguiente manera:

---

7 Ver Elisabeth Schüssler Fiorenza, *In Memory of Her: A Feminist Theological Reconstruction of Christian Origins.* Primera edición 1983. Décima edición aniversaria. (New York, N.Y.: Crossroad, 1994).

Con la transnacionalización del capitalismo, cuando los oficiales elegidos ya no son líderes de estados particulares sino nexos para intereses multinacionales, también se hace posible para los ciudadanos hacerse activistas de un terreno nuevo, global y descolonizante, un terreno psíquico que los puede unir con ciudadanos-sujetos de posición similar dentro de y a través de fronteras nacionales, hacia alianzas nuevas más allá de imperios occidentales. . . El nuevo pueblo [de esta comunidad imaginada] que lucha por relaciones sociales igualitarias bajo el posmodernismo neocolonial, da la bienvenida a una nueva política, una nueva patria. El medio de entrada es "la metodología del oprimido", un conjunto de tecnologías para descolonizar la imaginación social [y religiosa]. Estas tecnologías. . . son guiadas por *democratics*, el compromiso de los practicantes por la distribución de poder por igual. . . El amor como un movimiento social se promulga por medio de coaliciones globales, revolucionarias y móviles de ciudadanos-activistas que se afilian por el sistema de emancipación.[8]

Sin embargo, tengo dudas de afirmar "el amor" como una fuerza revolucionaria y la "acción social oposicional como un medio de 'amor' en el mundo posmoderno". Aunque esté muy consciente de que muchas feministas han escrito elocuentemente acerca del poder del amor profético en las luchas por la justicia,[9] no puedo olvidarme de la función del "amor romántico" en la opresión de las mu/jeres, ni la valorización cristiana anti-judía del "Dios de amor" en contraposición al "Dios de Justicia" del "Antiguo" Testamento. A la luz de la historia cristiana opresiva y el potencial de que el amor sea cooptado para

---

8 Chela Sandoval, *Methodology of the Oppressed* (Minneapolis: University of Minnesota Press, 2000) 183.

9 Audre Lorde, Bell Hooks, Toni Morrison, Cornel West, June Jordan, Gloria Anzaldúa, Maria Lugones, Merle Woo, Alice Walker – para nombrar algunas.

los intereses de la globalización neo-liberal, prefiero hablar con Margaret Farley de "amor justo"[10] o "justicia amorosa". Por lo tanto, argumento que las *democratics* de la *ekklēsia de mu/jeres* se deben informar igualmente por la justicia. Como argumenta Patricia Hill Collins,

En vez de verse como un área más de contenido en el discurso feminista negro, la preocupación por la justicia, fusionada con una profunda espiritualidad, parece ser altamente significativa para la manera en la que las mu/jeres afro-americanas conceptualizan la teoría social crítica. La justicia constituye un artículo de fe expresado por medio de sentimientos profundos que mueven a las personas a la acción. Para muchas pensadoras negras feministas, la justicia trasciende nociones occidentales de igualdad fundamentadas en semejanza y uniformidad. La discusión de Elsa Barkley Brown sobre la práctica de hacer colchas de las mu/jeres afro-americanas (1989), nos dirige hacia una noción alternativa de la justicia. Al hacer sus colchas, las mu/jeres negras tejen retazos de tela tomados de todas partes. No se pierde nada, y cada pieza tiene una función y un lugar en la colcha... A los que conceptualizan la comunidad en términos de uniformidad y semejanza, les cuesta imaginar una colcha social que sea heterogénea, y simultáneamente justa y motivada a la excelencia.[11]

Parecida al concepto de Hill Collins de "la colcha social", las *democratics* del concepto oxímoron *ekklēsia de mu/jeres* busca nombrar un espacio feminista dentro de la globalización neoliberal, donde ciudadanos-sujetos del *cosmos* luchen por la justicia y las relaciones igualitarias, y

---

10 Margaret A. Farley, *Just Love: A Framework for Christian Sexual Ethics* (New York: Continuum, 2006).

11 Patricia Hill Collins, *Fighting words. Black wo/men & the Search for Justice* (Minnesota: University of Minnesota Press, 1998), 248-249.

reconozcan la diferencia única de cada uno y cada una. En este espacio feminista los movimientos de mu/jeres "seculares" y "religiosas" se pueden conceptualizar, no como opuestos o paralelos que nunca se encuentran, sino como un espacio radical, democrático, espiritual y descolonizador, un público feminista, un "congreso" de diversos grupos de mu/jeres y movimientos feministas trabajando juntos por el cambio y la transformación, tanto de la sociedad como de la religión. Si, tal como se hace con los discursos feministas legales y políticos, se pudieran reconocer los discursos y movimientos feministas religiosos como sitios feministas comunes de luchas políticas, no sólo con referencia a diferencias de género sino también de otras formas de dominación tales como el racismo, el colonialismo o el capitalismo, entonces la ruptura entre lo social y lo religioso, entre feminismos bíblicos y posbíblicos podrían superarse en interés de las diversas luchas por los derechos religiosos y políticos, la igualdad del poder, y el cambio de las relaciones de dominación dentro y fuera de la religión.

Para delinear y resumir los elementos centrales del imaginario invocado por la *ekklēsia/cosmopolis de mu/jeres:*

Primero: *la ekklēsia de mu/jeres* no es solamente un concepto simbólico feminista que pretende superar la ruptura dualista entre los movimientos religiosos y sociales de mu/jeres y un *democratics* para descolonizar la imaginación cultural y religiosa. También es un término histórico descriptivo, desarrollado en términos de mi propio marco teológico liberacionista y cristiano, que fácilmente se puede elaborar en términos de otras visiones religiosas igualitarias. La raíz del significado de *ekklēsia* se deriva de la institución clásica de la democracia que, en teoría, prometía libertad e igualdad para todos sus ciudadanos. Pero en la práctica sólo cedió tales derechos a las élites: jefes de hogar, varones con estudio y propiedad. Por lo tanto, la *ekklēsia,* entendida como un congreso democrático radical de los ciudadanos-sujetos de la *cosmopolis,* no se ha realizado plenamente nunca en la historia porque ni en la revolución democrática francesa ni en la norteamericana, se luchó para que las mu/jeres y los hombres sin voto pudieran llegar a ser ciudadanos plenos con poder de decisión. Las luchas de las personas privadas del voto para obtener ciudadanía plena y derechos civiles en los últimos trescientos años, han buscado corregir esto y realizar el sueño de una igualdad democrática radical.

En la primera literatura cristiana, la expresión *ekklēsia,* o sea, la asamblea democrática greco-romana, era el nombre para la misma comunidad cristiana. (La palabra "sinagoga" tiene una valencia democrática similar, y significa "la congregación del pueblo de Dios".) Así, la auto-descripción de las primeras comunidades cristianas era radicalmente democrática.[12] La *ekklēsia,* comprendida como el campo de acción de la Sabiduría-Espíritu Divina, es una "nueva creación" en la cual las personas, empoderadas por el Espíritu, son todas iguales pero no semejantes. Comparten los dones multifacéticos de la Sabiduría-Espíritu Divina, todos y todas sin excepción: judíos, griegos, bárbaros, mu/jeres, hombres, esclavos, libres, los de clase alta y los que no son nada a ojos del mundo.[13]

---

12 Esto no es inusual. La mayoría de los sociólogos organizacionales señalan que la mayoría de las religiones tiene una auto-comprensión igualitaria al principio.

13 Ver Elisabeth Schüssler Fiorenza, *In Memory of Her,* 160-199.

Solamente cuando se tome consciencia de lo fundamental de este espíritu democrático radical en la auto-comprensión de las primeras comunidades cristianas, se podrá valorar la ruptura que ocurrió en la auto-comprensión cristiana cuando la iglesia adoptó las estructuras administrativas organizacionales y las instituciones legales del Imperio Romano, que eran monárquicas y jerárquicas.[14]

El proceso de traducción que ha transformado *"ekklēsia/ congreso"* en *"kyriarchē/iglesia,"* indica un desarrollo histórico que ha privilegiado la forma kyriarcal/jerárquica de iglesia. Por lo tanto, la traducción de la palabra griega *ekklēsia* por "iglesia", promueve una auto-comprensión cristiana que se deriva del modelo kyriarcal de la casa y del estado en la antigüedad. Estos eran gobernados por el señor/dueño/ padre de la casa, a quién las mu/jeres libres, los dependientes libres, los clientes y obreros, además de los esclavos, estaban sometidos como su propiedad.

Dado que, desde una perspectiva religioso-social, me ubico dentro de la comunidad católica, ilustraré una comprensión kyriarcal con referencia a ella. La Iglesia Romana está compuesta por estructuras jerárquicas, representadas por varones y divididas en un sistema sagrado de dos clases, los ordenados y el laicado, el segundo con connotación de ciudadanía de segunda clase. Es irónico que, en defensa de las estructuras imperiales romanas que crucificaron a Jesús, la jerarquía ha insistido durante el último siglo, en contra de fuerzas democráticas dentro de la iglesia,

---

14 Elisabeth Schüssler Fiorenza, "A Discipleship of Equals: Ekklesial Democracy and Patriarchy in Biblical Perspective," en: E.C. Bianchi and R. Radford Ruether, eds., *A Democratic Catholic Church. The Reconstruction of Roman Catholicism* (New York: Crossroad, 1992), 17-33.

en que la monarquía es el orden divino, y en este siglo,
en que la Iglesia Católica Romana no es una comunidad
democrática. Por lo tanto, las mu/jeres no tienen derecho
a la plena ciudadanía y liderazgo en la iglesia.

Mientras que en el siglo pasado la jerarquía católica
romana defendió la monarquía como la forma de gobierno
ordenada por D**s para la sociedad, en este siglo la enseñanza
oficial de la iglesia ha promovido los derechos humanos y las
libertadas democráticas en la sociedad, pero ha insistido que
estos no se aplican a la iglesia. Por ejemplo, el Papa León
XIII rechazó todas las "libertades modernas"—la libertad
de culto, la separación de iglesia y estado, la libertad de
expresión y la prensa, la libertad de enseñar y la libertad de
consciencia—porque el pueblo era "la multitud indocta".[15]
Aunque el Papa León reconocía que había verdadera igualdad
en cuanto todos somos hijos e hijas de Dios, negó que haya
igualdad en la sociedad o en la cultura: "La desigualdad
de derechos y de poder procede del mismo Autor de la
naturaleza, 'de quien se nombra toda paternidad en el cielo y
en la tierra'".[16] Señaló que "las habilidades de todos no son
iguales, ya que uno difiere de otro en los poderes de mente
o cuerpo, y hay mucha disimilitud de manera, disposición
y carácter". Por lo tanto, argumenta, "es muy repugnante
a la razón esforzarse a confinar todo dentro de la misma
medida y extender una igualdad completa a las instituciones

---

15 Charles E. Curran, "What Catholic Ecclesiology Can Learn from Official
Catholic Social Teaching,", op. cit., 105.

16 Pope Leo XIII, "On Socialism," en E. Gilson, ed., *The Church Speaks to the
Modern World: The Social Teachings of Leo XIII* (Garden City, NY: Doubleday
Image, 1954) 193.

de la vida civil".[17] Aquí no se entienden las diferencias como dones sino como desigualdades. Aunque el Papa actual no mantiene estos sentimientos anti-democráticos para la sociedad, todavía demuestra que los mantiene para la Iglesia Católica Romana, cuando resiste la ordenación de las mu/jeres y prohibe todo diálogo público sobre el tema.

Segundo, la expresión *ekklēsia de mu/jeres* es una herramienta lingüística y un medio teológico de conscientización. Busca traer a la consciencia pública el énfasis masculino de *ekklēsia* en los discursos políticos masculinos y las representaciones religiosas masculinas. La palabra "mujer" todavía se usa para establecer fronteras exclusivas en las democracias sociales y las religiones bíblicas. Por esa razón, es importante marcar de manera lingüística la diferencia entre "democracia e iglesia" como institución kyriarcal romana o como *ekklēsia,* el congreso de ciudadanos-sujetos que toman decisiones. He presentado la noción de la *ekklēsia de mu/jeres* como medio de conscientización que articula una imaginación radical y democrática.

La noción de la *ekklēsia de mu/jeres* es un oxímoron, una contradicción.

Modificar *"ekklēsia"* con "mu/jeres" buscar resaltar que la iglesia, la sociedad y la religión todavía están gobernadas por hombres blancos élites que han excluido a las mu/jeres y a otros pueblos-siervos durante siglos. Busca comunicar una visión que relacione la lucha por una iglesia más democrática y justa con los movimientos globales, tanto sociales como políticos, en busca de la justicia, la libertad y la igualdad.

---

17 Pope Leo XIII, "On Freemasonry," en: E. Gilson, ed., *The Church Speaks to the Modern World,* 130.

Estos movimientos han emergido una y otra vez a lo largo de los siglos a causa de la disparidad entre la visión profesada de igualdad radical y democrática, y la realidad de dominación y subordinación en la sociedad y la iglesia, tal como la viven diariamente los miembros de estos movimientos.

Siempre que menciono "mu/jeres" para modificar *ekklēsia,* uso el término en el sentido genérico para incluir a los varones. Es porque en inglés, fonéticamente la palabra "woman" (mujer) incluye "man" (varón), "she" (ella) incluye "he" (él) y "female" (hembra) incluye "male" (macho). Es sabido que sistemas de lenguaje gramaticalmente masculinos entienden los términos masculinos tanto en su acepción genérica, como en su acepción específica de género. Por lo tanto, las mu/jeres siempre tenemos que pensar dos o aún tres veces para evaluar si estamos incluidas o no en los términos "genéricos" tales como "hijos de Dios", "hombres", hermanos" o "gobierno de hombres".

Usar el término "mu/jeres" como un término genérico inclusivo choca lingüísticamente en las sociedades e iglesias occidentales. El uso del término "mu/jeres" como inclusivo de varones invita a los varones a aprender a "pensar dos veces" y evaluar si están incluidos o no. Los invita a experimentar que no se les habla explícitamente. Cambiar los patrones del idioma es un paso importante hacia el logro de la nueva consciencia de una igualdad democrática radical, porque los límites de nuestro lenguaje son los límites de nuestro mundo.

En resumen, el oxímoron *ekklēsia de mu/jeres* busca articular un valor democrático radical. Por el hecho de que, durante siglos, la democracia ha sido una institución masculina y élite, es necesario modificar *ekklēsia* con mu/jeres en cuanto las mu/jeres permanezcan como ciudadanas

de segunda clase en la sociedad y la religión. Al agregar "mu/
jeres" a *ekklēsia* quiero resaltar que la iglesia y la sociedad
masculinas han sido y siguen siendo exclusivas de mu/
jeres, no solamente en posiciones de liderazgo y poder, sino
también en la producción de conocimiento académico y al
crear significado religioso y cultural.

Tercero, la imagen de la *ekklēsia de mu/jeres* busca forjar
un enlace entre los movimientos feministas de liberación
religiosos y sociales, y superar su división dualista entre lo
religioso y lo secular. Si los valores religiosos deshumanizantes
y machistas influyen en las presuposiciones culturales acerca
de las mu/jeres y la política, es importante articular valores y
visiones religiosas democráticas y radicales para reemplazar
estos valores kyriarcales en la imaginación pública. La
ekklēsia de mu/jeres articula una visión de igualdad radical para
crear un mundo de justicia y bienestar. Quiere nombrar la
visión de justicia y salvación que buscan los movimientos
feministas y que comparten las religiones bíblicas.

La *ekklēsia de mu/jeres* se encuentra en el cruce de una
multiplicidad de discursos feministas públicos, y como sitio
de contradicciones sociopolíticas alternativas feministas
y posibilidades no realizadas. Por esa razón, requiere
una conceptualización retórica-política en vez de una
conceptualización ontológica-esencialista con respecto a los
movimientos y estudios feministas. Los discursos feministas
se entienden mejor en el sentido clásico de una retórica
deliberativa que busca evaluar argumentos, y persuadir a
la asamblea democrática a tomar decisiones en favor del
bienestar de toda la *cosmopolis*. Tal espiritualidad cosmopolita,
democrática y radical, que es articulada y vivida todos los
días por feministas alrededor del mundo, es capaz, afirmo,
de sostener la esperanza en nuestras luchas diversas por un
futuro democrático y radical diferente.

Esta re-articulación de las religiones bíblicas en términos de una igualdad democrática radical, es necesaria para que la religión llegue a ser una influencia y poder para la democracia radical. La *ekklēsia de mu/jeres* busca alcanzar esta visión de la creación de D**s renovada. Por eso trabaja por una sociedad democrática radical que no tenga hambrientos, extranjeros, ni marginados, que valore la tierra y luche en solidaridad con los que están oprimidos por el racismo, el nacionalismo, la pobreza, el neo-colonialismo y el heterosexismo.

Las mu/jeres son la *ekklēsia*, la asamblea de los ciudadanos adultos y libres que tienen el derecho y la responsabilidad de decidir el futuro religioso nuestro y de nuestros hijos. La *ekklēsia*, como la asamblea de ciudadanos plenos que toma decisiones, insiste en la regla romana y medieval: "Lo que afecta a todos debe ser determinado por todos (o en latin: *quod omnes tangit, ab omnibus judicetur*). En medio de las luchas por el cambio y la liberación, la visión de la *ekklēsia*—el poder transformador y fuente de vida de la comunidad de D**s—llega a ser una realidad vivida en medio del pecado estructural y de los poderes mortíferos de opresión y deshumanización.

Por lo tanto, resulta engañoso traducir la expresión contradictora *"ekklēsia de mu/jeres"* por "iglesia de mu/jeres" porque, en el proceso de la traducción, *"ekklēsia"* pierde su sentido democrático radical. Mientras que la traducción "iglesia de mu/jeres" hace la conexión entre mu/jeres y la iglesia, no puede sostener a la vez el sentido de *"ekklēsia"* como asamblea democrática y de iglesia, de lo político y de lo religioso. Como resultado, el valor político radical del término se pierde. Sin embargo, la meta de modificar *"ekklēsia"* con el término "mu/jeres" ha sido

precisamente sacar a la consciencia pública el hecho de
que ni la iglesia ni la sociedad son lo que pretenden ser:
ekklēsia, el congreso democrático de ciudadanos iguales
con poder de decisión que son mu/jeres.

La modificación de *ekklēsia* con el término "mu/jeres" no
solamente sirve como herramienta lingüística para indicar
cómo imaginar un movimiento de mu/jeres diversificado,
no dualista y pluriforme. También busca referirse a las
múltiples formas en las cuales la *ekklēsia de mu/jeres* se
vive hoy, para anticipar la rica diversidad de la *ekklēsia*
democrática radical del futuro. Las mu/jeres no son iguales
ni tienen una esencia en común que las hace diferentes a
los varones. Hay tantas diferencias entre mu/jeres y dentro
de mu/jeres como las que hay entre mu/jeres y varones.
Las mu/jeres no son determinadas solamente por su
género, sino también por raza, clase, etnia, cultura, edad,
preferencia sexual y religión. La identidad no es estable,
sino que cambia con el tiempo. Por eso el oxímoron de
ekklēsia de mu/jeres no se debe entender en los términos
culturales de feminidad, como si promoviera el ideal de
la Dama Blanca, sino como modelo de un movimiento
feminista de muchas voces por el cambio.

Tal diversidad feminista de *ekklēsia* se exhibe en
los movimientos globales de mu/jeres en religión y
en movimientos feministas populares, democráticos
y radicales alrededor del mundo. En el contexto del
Catolicismo romano, la *ekklēsia de mu/jeres* se concretiza
parcialmente en comunidades y ministerios alternativos,
en el reconocimiento de la salvación más allá de los
parámetros cristianos, para involucrarse en el diálogo
inter-religioso y en el aprecio de los recursos y prácticas
espirituales de otras religiones.

En un contexto ecuménico, la lucha por la *ekklēsia de mu/jeres* ha cambiado desde el enfoque en la ordenación de mujeres hasta una lucha contra las políticas de exclusión. Ahora que las mu/jeres pueden ser ordenadas en las denominaciones liberales, tanto cristianas como judías, el liderazgo de la mujer sufre de una reacción violenta y está minado por la reestructuración de ministerios, de tal manera que marginalizan y excluyen de facto a las mu/jeres. Lo que está en juego ya no es solamente el estatus de las mu/jeres en las varias comunidades religiosas, sino su futuro feminista, sus imágenes, prácticas y discursos religiosos, juntamente con el futuro de las estructuras y sanciones sociales que gobiernan el lugar del varón y la mujer. En breve, la reacción violenta es un barómetro que indica que las presiones a las estructuras religiosas y sociales del poder y privilegio masculinos están sacudiendo sus fundamentos.[18]

Por lo tanto, la *ekklēsia de mu/jeres* se entiende a sí misma no sólo como un movimiento para cambiar la iglesia y la religión, sino como parte de todos los movimientos sociales para cambiar las relaciones de dominación. Como ha observado Hedwig Meyer-Wilmes,

Se podría decir que la *ekklēsia de mu/jeres* es un concepto posmoderno... Acepta como un hecho los logros de la modernidad: está fundamentada en una perspectiva igualitaria de las estructuras, una multiplicidad de imágenes [liberadoras] y una preocupación por hacer visible la *ekklēsia* en distintas formaciones [sociales]...[19]

---

18 Melanie A. May, "Tracking the Ways of Wo/men in Religious Leadership," en *The Non-Ordination of Wo/men*, 90.

19 Hedwig Meyer-Wilmes, "The Diversity of Ministry in a Postmodern Church," en *The Non-Ordination of Wo/men*, 80.

Cuarto: No se puede pasar por alto, sin embargo, que las prácticas democráticas radicales de la *ekklēsia de mu/ jeres* necesitan ser orientadas hacia la *cosmopolis de mu/jeres* y hacerse responsable de su bienestar. Para evitar estrechar el sentido de *ekklēsia* a "iglesia", y para salvaguardar su sentido democrático político radical, necesita contextualizarse en la *cosmopolis,* que es el compuesto de los términos griegos *kosmos* (mundo/universo) y *polis* (ciudad-estado), del cual se deriva la idea controvertida de *cosmopolitanismo.*[20]

Según el filósofo griego del siglo 4 a.e.c., Diógenes Laercio, un *cosmopolitano* es "un ciudadano del cosmos". Thomas Pogge identifica los siguientes tres elementos compartidos por diferentes articulaciones de *cosmopolitano*:

1. *Persona:* Las principales unidades de preocupación son los seres humanos o las personas en vez de los colectivos tales como familias, tribus, comunidades o naciones étnicas o religiosas.

2. *Universalidad*: Hay universalidad en cuanto esta preocupación pertenece a cada ser humano por igual, y no meramente a un subconjunto tal como varones, ricos, judíos u hombres blancos.

3. *Generalidad:* Las personas son unidades de preocupación para todos, y no solamente para sus compatriotas o miembros de su comunidad religiosa. Su estatus especial tiene fuerza global.[21]

---

20 Para una breve historia del cosmopolitanismo, ver Seyla Benhabib, *Dignity in Adversity. Human Rights in Troubled Times (Cambridge, MA: Polity Press, 2011)* 3 – 19; Appiah, Kwame Anthony *Cosmopolitanism: Ethics in a World of Strangers* (New York, N.Y.: W.W. Norton y Co, 2006).

21 Thomas Pogge, "Cosmopolitanism and Sovereignty," en *World Poverty and Human Rights: Cosmopolitan Responsibilities and Reforms* (Oxford and Malden:Polity Press, 2002, pp. 168-95), 169.

Sin embargo, tal articulación de *cosmopolitanismo* en términos individuales y personales excluye la visión cosmológica evocada por la palabra *"cosmos"*, que significa mundo o universo. Este acento cosmológico resalta la responsabilidad que tienen los humanos como parte de la red cósmica de la vida, del cuidado del planeta y su bienestar. El ecofeminismo relaciona la opresión de las mu/jeres y las personas de color, en un sistema controlado por los varones gobernantes con la destrucción del planeta, ya que son dos formas de violencia que se refuerzan y se alimentan mutuamente.[22]

Entonces, la *ekklēsia de mu/jeres,* a la luz de la teoría ecofeminista cosmopolita, se imagina como la asamblea democrática decisoria de todos los ciudadanos del *cosmos* —humanos, animales, plantas o estrellas. Es un imaginario que busca crear la conexión entre las luchas locales y particulares de las mu/jeres y la visión de una *cosmopolis*, una sociedad global y una religión de justicia y bienestar que ya no se puede imaginar sin ciudadanas. Sin embargo, tal como nos ha recordado Christine Delphy:

> No sabemos cuáles serían los valores, las características de personalidad y la cultura de una sociedad no-jerárquica, y nos cuesta mucho imaginarla. Pero para imaginarla, tenemos que creer que es posible. Las prácticas producen valores; otras prácticas producen otros valores.[23]

---

22 Mary Judith Ress, *Ecofeminism in Latin America* (New York: Orbis Books, 2006), 110. Ver también Rosemary Radford Ruether, *Women Healing the Earth. Third World Women on Ecology, Feminism and Religion* (New York : Orbis Books, 1996); Ivone Gebara, *Longing for Running Water; Ecofeminism and Liberation* (Minneapolis: Fortress Press, 1999).

23 Christine Delphy, "Rethinking Sex and Gender," en Darlene Juschka, Hg., *Feminism in the Study of Religion. A Reader* (New York: Continuum, 2001) 411-423. 422.

La *cosmopolis* es el sitio imaginario de la *ekklēsia de mu/ jeres*, donde las ciudadanas se reúnen para el proceso religioso feminista de *hacer el mundo*. Las prácticas religiosas y políticas de *hacer el mundo* en la *ekklēsia de mu/jeres*, como la asamblea decisoria de la *cosmopolis*, tienen que ser guiadas por los valores igualitarios y la visión de justicia y bienestar para todos y todas sin excepción.

Según la visión teórica —pero no la realización histórica— de la democracia, todas las personas que viven en la *cosmopolis* deben tener igual estatus como ciudadanas del mundo y deben poder decidir el futuro de ellas mismas y de sus hijos. En teoría, todas las personas ciudadanas de la *cosmopolis* son creadas iguales en derechos, palabra y poder; son creadas a imagen de Dios. Como asamblea de ciudadanos libres, la *ekklēsia de mu/jeres* cosmopolita se ha reunido para imaginar y deliberar el mejor camino de acción en situaciones de lucha concretas. Las feministas en religión tienen que construir organizaciones globales, transculturales y cosmopolitas para articular una espiritualidad sapiencial de ciudadanía global cósmica, y para asegurar el bienestar de todas las personas en el *cosmos/ mundo* y en el *cosmos* mismo. Una práctica cosmopolita radical, que es política, espiritual y democrática, no puede permanecer desvinculada e indiferente. Al contrario, su meta es la de permitir a las personas ser árbitros de su propia vida y promover el bienestar de la tierra.

Con la expresión *cosmopolis de mu/jeres*, tengo en mente un concepto heurístico que es parecido al que Chandra Talpade Mohanti ha llamado "la comunidad imaginada de las luchas oposicionales del Tercer Mundo". Ella la imagina como una clase de espacio que provee una base política, en vez de biológica o cultural, para una alianza entre mu/jeres de todo color, y se aparta de las nociones esencialistas de los feminismos del Tercer Mundo.

Dentro del contexto de los movimientos sociales por el cambio, se puede teorizar la responsabilidad de la *ekklēsia de mu/jeres* por la *cosmopolis* y por toda la creación, no solamente como un espacio virtual y utópico, sino también como un espacio ya parcialmente realizado de igualdad radical, y como sitio de las luchas feministas por transformar las instituciones sociales y religiosas.[24]

Los movimientos sociales emancipatorios, incluyendo los movimientos liberadores feministas en religión, no luchan por derechos para hacerse masculinos y llegar a ser iguales a los varones de élite. Luchan para lograr derechos, beneficios y privilegios de igual autoridad y ciudadanía, que son legítimamente nuestros pero que nos son negados por los regímenes kyriarcales de la mayoría de las sociedades y las principales religiones del mundo. Respetan luchas particulares al mismo tiempo que forjan solidaridades complejas en las luchas globales en contra de los sistemas interconectados de dominación. Para citar de nuevo a Andrea Smith:

> Es obvio que no hay caminos claros a la liberación... Hacemos camino al caminar. [Los movimientos populares] crean sus imaginarios políticos al luchar por una liberación sin garantías... Ellos proveen una visión alternativa de la globalización que no se estructura por medio del imperio, sino por medio de principios de cooperación mutua y justicia social. Las estrategias de este tipo de revolución son contextuales, flexibles, cambiantes y

---

24 Chandra Talpade Mohanti, "Under Western Eyes," en *Third World Wo/men and the Politics of Feminism*, eds. Chandra Talpade Mohanti, Ann Russo, y Lourdes Torres (Bloomington, Ind.: Indiana University Press, 1991), 51-80.

abiertas a toda posible alianza. Para citar a una mujer indígena activista, "no puedes ganar una revolución sola y estamos frente a una revolución. Otra cosa sencillamente no nos parece que valga la pena".[25]

Sin embargo, cuando comencé a teorizar la *ekklēsia* y la *cosmopolis de mu/jeres* como una imagen alternativa y un símbolo democrático radical mediador, no sabía que los movimientos de sufragio ya habían utilizado el símbolo de la democracia como un símbolo religioso-bíblico en su lucha por la justicia. La disertación de Karen Baker-Fletcher, por ejemplo, resalta a Anna Julia Cooper, la educadora y sufragista afroamericana. Argumenta que la igualdad y la libertad no eran simplemente estados físicos para Cooper, sino realidades político-espirituales.[26] Ella creía que el progreso democrático era "una sombra de la imagen del Creador" derivada del "valor esencial de la humanidad". Cooper imaginó un futuro para la humanidad gobernado por los principios de igualdad, libertad y democracia, que eran aspectos ontológicos universales de la naturaleza humana. Ella afirma:

que el progreso en el sentido democrático es una dote humana inherente —una sombra de la imagen del Creador, o si se prefiere, una célula-impulso, el sello universal e inequívoco del Padre de todo.[27]

---

25 Andrea Smith, "First Nation, Empire and Globalization," en Sheila Briggs y Mary McClintock Fulkerson, eds, *The Oxford Handbook of Feminist Theology* p. 328f.

26 Karen Baker Fletcher, *A Singing Something. Womanist Reflections on Anna Julia Cooper* (New York: Crossroad, 1994).

27 Anna Julia Cooper, "Equality of Races and the Democratic Movement," panfleto privado impreso, Washington, DC., 1945, p. 5 citado por Baker Fletcher.

Anna Julia Cooper entiende la democracia en términos religiosos, y amplía el valor sufragista de la lucha por la plena ciudadanía cuando insiste en que la igualdad y la libertad democráticas son dadas por Dios, capacidades ontológicas inherentes a todo ser humano sin tener en cuenta su raza, sexo, clase o país. En contraposición a las teorías que reclamaban la democracia, igualdad y libertad como propiedad de las razas superiores de la civilización occidental europea,[28] Cooper insiste en que éstas eran inherentes al hecho de ser un ser humano, y por lo tanto no podían nunca ser suprimidas. La metáfora clave para Dios en el discurso religioso de Cooper, según Baker-Fletcher, es un "algo cantante" que grita en toda nación reclamando la justicia. Como dice Baker-Fletcher,

Lo que le hace a uno humano es su voz interna, la voz de la igualdad y la libertad que se puede trazar directamente a Dios. La voz de Dios, en este sentido, canta por medio del espíritu humano y llama a la humanidad a la acción, al crecimiento, al desarrollo y a la reforma. Hay movimiento en el acto de la vocalización.[29]

Aunque la noción de la *ekklēsia de mujeres* se teoriza de forma diferente y habla a una situación retórica y un

---

28 Igual a otras sufragistas y reformadores sociales anglosajones, Elizabeth Cady Stanton era muy condicionada y limitada por su estatus social y su posición de clase. Ella expresó sentimientos anti-inmigrantes al argumentar que el sufragio de mujeres de su propia clase aumentaría el número de votantes anglosajones. También apeló a prejuicios étnicos y raciales cuando dijo: "Mujeres americanas ricas y cultas, si no quieren que las clases bajas de chinos, africanos, alemanes e irlandeses, con sus ideas bajas sobre la mujer, hagan leyes para ustedes, exijan que la mujer también sea representada en el gobierno". (citado por Barbara Hilkert Andolsen, *"Daughters of Jefferson, Daughters of Bootblacks," Racism and American Feminism* (Macon: Mercer Univ. Press, 1986), 31.

29 Baker-Fletcher, *A Singing Something*, 192-193.

contexto histórico diferente,[30] es parte sin embargo de esa tradición feminista, religiosa, democrática y radical. Esa tradición feminista sumergida de agencia religiosa, democrática y radical e interpretación bíblica emancipatoria, que fundamenta mi propio trabajo, ha reclamado y sigue reclamando la autoridad y el derecho de las mu/jeres para interpretar la experiencia, la biblia, la tradición y la religión desde nuestra propia perspectiva y para nuestros propios intereses.

Esta tradición ha insistido que la igualdad, la libertad, y la democracia no se pueden alcanzar si las voces de las mu/jeres no se levantan, no se oyen y no se escuchan en la lucha por la justicia y la liberación para todas las personas, sin tomar en cuenta su sexo, clase, raza, nacionalidad o religión. Esta tradición feminista de la autoridad religiosa de las mu/jeres sigue fragmentada y no siempre ha podido superar las limitaciones y marcos de los prejuicios de su propio tiempo y ubicación social. Sin embargo, su conocimiento crítico y su vitalidad siguen siendo cruciales para las luchas democráticas radicales contemporáneas en la sociedad y la religión.

La igualdad radical de la *ekklēsia/cosmopolis de mu/jeres* está fundamentada teológicamente en la creación, en la convicción de que todas las mu/jeres están creadas a imagen de D**s, que cada ser humano es precioso en Sus ojos, y

---

30 Para una discusión de este contexto teórico, ver por ejemplo, Anne Phillips, *Engendering Democracy* (Cambridge: Polity Press, 1991); Judith Butler y Joan W. Scott (eds.), *Feminists Theorize the Political* (New York: Routledge, 1992); Joan Cocks, *The Oppositional Imagination. Feminism, Critique and Political Theory* (New York: Routledge, 1989); Mary Lyndon Shanley y Carole Pateman (eds.), *Feminist Interpretations and Political Theory* (University Park: The Pennsylvania State University Press, 1991).

que todas han recibido dones multifacéticos y poderes de la Sabiduría Divina. En todas nuestras diferencias, las mu/ jeres representan lo Divino aquí y ahora porque las mu/ jeres están hechas a la imagen y semejanza de D**s. Cada una está hecha a imagen de la Sabiduría Divina, quien han dado dones y ha llamado a cada individuo de forma diferente. La imagen divina no es ni macho ni hembra, ni blanca ni negra, ni rica ni pobre, sino multicolor, multigenérica y más.

Como un pueblo ricamente dotado, la *ekklēsia de mu/jeres* actúa en nombre de la comunidad-mundo, la *cosmopolis*, en la cual los identificadores religiosos, raciales, sexuales y de clase ya no implican ni legitiman las diferencias de estatus y las relaciones kyriarcales de dominación y subordinación. Como un pueblo peregrino, la *ekklēsia de mu/jeres* puede fracasar una y otra vez, pero sigue luchando, sigue viviendo en plenitud y realiza su llamado a ser la sociedad cosmopolita, democrática y radical en proceso.

Tal comprensión de la *ekklēsia de mu/jeres* imagina la sociedad y la religión como una comunidad recíproca de apoyo, una alianza dinámica de iguales. Su principio y horizonte es una visión y movimientos democráticos y radicales, que crean una comunidad en diversidad, solidaridad, igualdad en libertad y amor, una comunidad mundial que valora al otro precisamente por ser el otro.

El imaginario de la *ekklēsia/cosmopolis de mu/jeres* significa no solamente plenitud de ser e inclusividad completa, sino también multiplicidad dinámica y convergencia de muchas voces diferentes. En términos cristianos, se presagia en la imagen de Pentecostés, donde personas de diferentes regiones y culturas pudieron entender el Espíritu en su propia lengua, una imagen que invita a las mu/jeres cristianas en el poder del Espíritu a luchar juntas con mu/ jeres de otras religiones y creencias por la realización de la *cosmopolis de mu/jeres*, el mundo alternativo de D**s, de justicia y bienestar.

[Traducido por R. Mooney]

4

La retórica del kyriarcado y nuestro lenguaje acerca de D**s

En este último capítulo, quiero explorar con ustedes cómo la retórica religiosa del kyriarcado ha determinado la imaginación cristiana y nuestra forma de hablar acerca de lo Divino. Ha creado un imaginario religioso en el cual la masculinidad élite define lo Divino y la mujer no aparece del todo. El poder divino se identifica con el poder del emperador, señor, rey, dueño, padre.

Hace unos 40 años, Mary Daly escribió en *Beyond God the Father* (Más allá de D**s el Padre) que "bajo el patriarcado, se nos ha robado a las mu/jeres el poder de nombrar." Daly dirige nuestra atención a la segunda historia de la creación en el libro de Génesis, en la cual Adán nombra todos los animales además de la mujer, quien no nombra a nadie ni a nada. Ella concluye:

> Las mu/jeres se están dando cuenta que la imposición universal
> de nombres por los varones ha sido falsa o parcial porque

141

"existir como humano es nombrarse a sí mismo o sí misma, nombrar al mundo y nombrar a D**s.[1]

Sin embargo, a las mu/jeres no les faltaba solamente el poder sagrado de nombrar.[2] Más aún, se les prohibió ejercerlo durante siglos de silenciamiento y exclusión de los estudios te*lógicos y del liderazgo religioso. Después de siglos de tal silenciamiento y exclusión, las mu/jeres han entrado a la academia, han asumido un liderazgo religioso y han reclamado plena herencia, agencia y ciudadanía religiosa. Por lo tanto, los movimientos feministas y los estudios de la religión buscan no sólo corregir esta historia de exclusión y su visión kyriarcal de D**s y el mundo, sino también articular un imaginario religioso-social-político diferente.

La segunda ola del movimiento feminista ha engendrado un movimiento de derechos de la mujer, resultando en la admisión de mu/jeres a la ordenación y facultades académicas. También ha generado estudios feministas en religión y teología como una nueva área de investigación que rinde cuentas no sólo a la academia, sino también a los movimientos globales de mu/jeres en pro de la justicia y el bienestar. Los estudios feministas en religión y teología han roto el silencio de siglos y han comenzado a reclamar el poder sagrado de las mu/jeres de nombrar a D**s, al mundo y a sí mismas.

Ahora que las mu/jeres han entrado a la academia, han asumido un liderazgo religioso y han reclamado su agencia y herencia religiosas, los estudios feministas en religión

1 Mary Daly, *Beyond God the Father (Boston: Beacon Press, 1968)* p. 8

2 Cf. Elisabeth Schüssler Fiorenza , ed. *The Power of Naming. A Concilium Reader in Feminist Liberation Theology.* (Maryknoll, NY: Orbis Books, 1996).

y teología buscan corregir la visión limitada de D**s y el mundo, y articular una óptica te-*-ética y una imaginación religiosa diferente. Las teólogas feministas han comenzado a reclamar el poder de redefinir de manera teológica la visión y comunidad religiosas. En tal proceso, la cuestión de cómo nombrar a D**s y crear un imaginario socio-religioso diferente ha sido central.

Estudios feministas en religión han luchado contra la noción de que la trascendencia divina se refiere a la Alteridad de D**s y su distancia del mundo. Mayra Rivera Rivera, por ejemplo, ha investigado imágenes teológicas ortodoxas de la trascendencia divina presentadas como distancia vertical, y ha buscado reemplazarlas con "imágenes de una planetariedad (planetarity) radicalmente inclusiva y de una realidad cósmica viva".

Ella ha señalado que a las culturas modernas les cuesta aceptar la noción de la Alteridad y la asocian con una distancia jerárquica. D**s está lejos, fuera de la experiencia humana y no accesible al toque humano. Al contrario de esta comprensión tradicional, ella aboga por una comprensión de la trascendencia como relación. Resume así su argumento:

> En tanto nos distanciábamos de las imágenes teológicas ortodoxas de trascendencia como distancia vertical, observábamos imágenes de una planetariedad radicalmente inclusiva y de una viva realidad cósmica en la cual participa el encuentro interhumano... El hecho que estas imágenes cosmológicas emergen desde dentro de los modelos no-teológicos de trascendencia interhumana es teológicamente significativo, porque sugiere el deseo de una realidad incluyente y comprensiva, en la cual se pueda acoger la multiplicidad

de nuestros encuentros singulares—una tierra elusiva pero fecunda en la cual toma lugar la interhumanidad. [3]

Esto es sólo un ejemplo de los esfuerzos feministas por asumir la ontología del ser y la esencia de lo Divino. Aunque este trabajo es importante, he buscado alejarme de cuestiones de ontología filosófica y del ser, para enfocar la cuestión de cómo imaginar y nombrar lo Divino en un mundo de injusticia y deshumanización.[4] La tarea retórica de visualizar y nombrar lo Divino, sostengo está en el corazón de toda teología, que literalmente significa *theolegein*, hablar acerca de D**s. Tal *theolegein* feminista busca crear una visión e imaginario religiosos que inspiren luchas en contra de la explotación y la dominación kyriarcal.

Según Charles Taylor,[5] *el imaginario social* no es un conjunto de "ideas" sino una nueva visión del orden moral. Su tesis básica es que, en el corazón de la modernidad occidental hay una comprensión nueva del orden moral de la sociedad. Nos muestra cómo nosotros, en calidad de individuos que nos juntamos para formar una identidad política, debemos vivir juntos. La modernidad ha quitado las analogías poderosas entre reyes/señores/padres y lo Divino, y ha articulado una presencia alternativa de D**s. En la fase premoderna, D**s o alguna realidad superior era una "necesidad óntica"; en el mundo contemporáneo, a pesar de lo que supone la teoría secularización, D**s

3 Mayra Rivera Rivera, *The Touch of Transcendence. A Postcolonial Theology of God* (*Louisville: Westminster John Knox Press, 2007) p. 127.*

4 "G*d the Many Named: Without Place and Proper Name." En *Transcendence and Beyond: A Postmodern Inquiry*, edited by John D. Caputo and Michael J. Scanlon, 109-126. Bloomington, IN: University Press, 2007.

5 Charles Taylor, "On Social Imaginary," http://blog.lib.umn.edu/swiss/archive/Taylor accessed 9/26/2012

y la religión no están ausentes de los espacios públicos. Al contrario, éstas se pueden ver como una fuente indispensable para que los pueblos logren impartir orden y significado a sus vidas, tanto a nivel individual como social. Como *ciudadanos no sólo de una nación sino también de la cosmopolis,* cada uno y cada una es creada a imagen de D**s y por lo tanto representa lo divino aquí y ahora.

Brian Wren ha subrayado la base socio-política del imaginario premoderno y el lenguaje teológico kyriocéntrico, por medio de un estudio del uso de tal lenguaje en la oración y la liturgia cristianas. Argumenta que el sistema metafórico que subraya la imaginación, el culto y los himnos cristianos es el sistema de KINGAFAP (King-God-Almighty-Father-All-Powerfull-Protector), (Rey-Dios-Dios de los Ejércitos-Padre-Todo Poderoso-Protector), el sistema del kyriarcado.

En este marco de referencia, se representa y se adora a D**s como un rey poderoso entronizado en esplendor, que recibe homenaje y expiación por las ofensas contra Su Majestad; gobierna por medio de su voz de mando, y estabiliza el orden cósmico. Este todopoderoso, omnipotente y con frecuencia terrorífico Rey, es también llamado Padre. Él es el Creador, misericordioso Señor y Padre, que es el único progenitor masculino del príncipe heredero, su Hijo, Jesucristo. Dado que los enemigos de maldad han invadido la creación Real del reino del Padre, el príncipe heredero entrega obedientemente su poder real y sus privilegios a las órdenes de su Padre y se convierte en humano. El príncipe heredero es asesinado por los poderes enemigos, el Pecado y la Maldad, pero se levanta en la morada gloriosa de su Padre Real. Él deja atrás su humilde y sufrida estación como uno de la humanidad, y espera en su trono hasta que pueda volver en gloria para asesinar

145

a sus enemigos y juzgar a la humanidad. Mientras tanto, el Padre-Rey e Hijo-Príncipe envían su Espíritu a la tierra para ayudar a sus seguidores y enseñar exclusivamente a ellos la revelación de KINGAFAP (Rey-Dios-Dios de los Ejércitos-Padre-Todopoderoso-Protector), y la historia del Hijo único de D**s, Esclavo Humillado pero Príncipe, el Cristo entronado que gobierna con KINGAFAP Rey-Dios-Dios de los Ejércitos-Padre-Todopoderoso-Protector.

De acuerdo con Wren, este sistema simbólico cristiano del Padre Rey, el Hijo Príncipe y el Espíritu exclusivo no tiene espacio para una figura femenina, ya sea la madre, esposa, hermana o hija, ni tampoco espacio para una personificación femenina tal como la Shekiná o Sofía (morada o sabiduría). Imagina lo divino en términos de control y gobierno e imagina Su trascendencia como absoluta, distante y totalmente ajena al mundo. Por lo tanto, este sistema simbólico kyriarcal no puede funcionar sino para reforzar una sociedad e iglesia igualmente kyriarcales. Dado que está profundamente arraigado en la consciencia cristiana, se ha convertido en parte de un «sentido común» aceptado. Por consiguiente, es muy difícil, si no imposible, re-imaginar y re-construir este mito cristiano central de manera diferente. Para hacerlo, tenemos que analizar su construcción retórica.

La teología, conceptualizada ya no como un sistema sino como una práctica retórica, no entiende el lenguaje como una implicación que simplemente produce significado. Más bien, ve el lenguaje como una forma de poder que afecta a personas y situaciones actuales.[6] Si

---

6 Ver Jane Tompkins, "The Reader in History: The Changing Shape of Literary Response," en *Reader-Response Criticism: From Formalism to Poststructuralism* (Baltimore: The John Hopkins University Press, 1980) 201-232.

se entiende el lenguaje en los términos retóricos clásicos de configurar la realidad, entonces se exige una ética de interpretación.[7] Analizar y evaluar críticamente la forma en que las Escrituras hablan de D**s, es no sólo una tarea religioso-teológica, sino que es también una tarea cultural, social y política.

El hablar sobre D**s como una práctica retórica

En la posmodernidad, nos hemos vuelto más y más conscientes de que todo lo que se habla acerca de lo Divino, incluso el lenguaje de la Biblia,[8] está socialmente condicionado y es políticamente interesado. Las feministas, el poder negro, los movimientos indígenas o poscoloniales, han cuestionado radicalmente los discursos teológicos de las corrientes masculinas de la elite blanca que han hablado acerca de lo divino en términos masculinos como Él o han nombrado a D**s[9] junto al interés de dominación de los poderosos. En lugar de acercarse al *theolegein* que habla de D**s en términos filosóficos abstractos o teológicos, es necesario investigar las prácticas de hablar de D**s

---

7 Ver mi artículo "The Ethics of Interpretation: Decentering Biblical Scholarship. SBL Presidential Address." *JBL* 107 (1988): 317; reimpreso en Elisabeth Schüssler Fiorenza, *Rhetoric and Ethics. The Politics of Biblical Studies* (Minneapolis: Fortress, 1999).

8 Ver Bernard J. Lee, S.M., *Jesus and the Metaphors of God. The Christs of the New Testament* (New York: Paulist Press, 1993).

9 Con el propósito de señalar lo inadecuado de nuestro lenguaje acerca de D**s, yo había adoptado la forma judía ortodoxa de escribir el nombre de D—s en mis libros *Discipleship of Equals* y *But She Said*. Sin embargo, feministas judías me han señalado que tal ortografía es ofensiva para muchas de ellas porque sugiere un marco teológico de referencia muy conservador, o hasta reaccionario. Por esa razón escribo la palabra D**s de esta manera para desestabilizar visualmente nuestra forma de pensar y hablar acerca de lo Divino.

como prácticas retóricas y preguntar por las normas socio-políticas y las contextualizaciones que se han construido al hablar de D**s.[10]

Sostengo que la tarea del *theolegein*, en sentido propio, se posiciona mejor no en la esfera de la metafísica y la ontología, sino en la de la ética y la praxis comunicativa. Afirmar que todo lenguaje acerca de D**s y que todo conocimiento del mundo es retórico, significa afirmar que todo discurso acerca de lo Divino está articulado en situaciones socio-políticas específicas, por personas particulares, con ciertos intereses en mente y para cierta audiencia con la cual comparte códigos culturales y tradiciones. Los discursos sobre D**s no son solamente retóricos, es decir persuasivos, sino que también son comunicaciones ideológicas ligadas a relaciones de poder.

Por consiguiente, la teología debe focalizarse en la retoricidad de todo lenguaje acerca de lo Divino. Al problematizar cómo nombrar mejor a D**s, la investigación feminista poscolonial busca moverse de una posición filosófico-ontológica a una perspectiva socio-política en su comprensión retórica y su construcción del discurso acerca de D**s. Busca descubrir los marcos escondidos de significado que determinan la corriente masculina tanto como los discursos feministas acerca de lo Divino.

El análisis retórico supone que el lenguaje no produce sólo significado sino que también afecta la realidad.[11]

---

10 Ver Karen M. Armstrong, *A History of G*d: The 4000-Year Quest of Judaism, Christianity, and Islam* (New York: Ballantine Books, 1993).

11 Ver Jane Tompkins, "The Reader in History: The Changing Shape of Literary Response," en *Reader-Response Criticism: From Formalism to Poststructuralis* (Baltimore: The John Hopkins University Press, 1980), 201-232.

Por lo tanto, un análisis retórico y crítico investiga las estructuras de dominación que han producido la exclusión y la marginación de las mu/jeres respecto de la Divinidad.[12] En otras palabras, con los teólogos de la liberación, afirmo que la pregunta teológica central hoy no es la cuestión moderna de si D**s existe, sino la cuestión ético-moral, de qué clase de D**s proclaman las comunidades religiosas y sus escrituras. ¿Es un D**s que legitima el imperio, la explotación, la injusticia y la opresión o se trata de un D**s que inspira liberación y bienestar?

¿Proclamamos un D**s Señor Todopoderoso de injusticia y deshumanización o un D**s de liberación; un D**s de dominación o un D**s de salvación y bienestar? ¿Se habla de un D**s que toma partido por los pobres, que son mu/jeres y niños dependientes de mu/jeres, o hablan del Señor Todopoderoso que se alinea con los que ejercen los poderes opresivos de dominación? ¿De qué manera nuestro lenguaje acerca de lo Divino se moldea por y a la

---

12 Los estudios feministas posmodernos críticos han problematizado la función de la palabra mujer/femenino. Los estudios culturales y liberacionistas han advertido que los análisis feministas teoréticos de género no deben separarse de su función socio-política para re-inscribir el ideal cultural de la "Dama blanca". Tal problematización de las categorías básicas del análisis feminista ha introducido una crisis en la auto-comprensión y prácticas del sujeto feminista. He buscado señalar esta crisis al escribir mu/jer en forma dividida, que busca problematizar no solamente la categoría de mu/jer, sino también indicar que las mu/jeres no son un grupo social unitario sino fragmentado por estructuras de raza, clase, etnicidad, religión, heterosexualidad, colonialismo y edad. Lo he hecho así porque no creo que las feministas podamos renunciar por completo la categoría analítica mu/jer, y reemplazarla por la categoría analítica de género, si no queremos marginalizar y borrar la presencia de mu/jeres en y por medio de nuestros propios discursos feministas. Mas, uso el término de una manera inclusiva, ya que hombres marginados y subordinados han sido incluidos en la ideología kyriarcal como "femeninos". Por lo tanto, desafío a los hombres a ser solidarios con las personas oprimidas que son mu/jeres.

vez da forma a nuestra ubicación social? Estas interrogantes se intensifican en el contexto contemporáneo global por la experiencia del multiculturalismo y una consciencia interreligiosa creciente.

Si la tarea de la teología en general es una delineación, reflexión y evaluación crítica de la "retórica de D**s" o de cómo las Escrituras, tradiciones y creyentes hablan de D**s y cómo nuestras prácticas de *theolegein* dan forma a nuestro entendimiento, visión del mundo y relaciones socio-políticas, entonces la tarea de la teología bíblica es una descripción (mapping) y reflexión crítica sobre cómo las Escrituras hablan de lo Divino. Tal evaluación y descripción crítica, feminista y postcolonial de los textos bíblicos y su retórica de D**s, con sus valores teológicos y visiones, no presupone que la Biblia es la palabra de D**s sin mediación. Más bien, reconoce que la revelación de D**s está mediada no sólo en y a través del lenguaje humano, en su mayoría de hombres de élite,[13] sino también a través del lenguaje político del imperio y la dominación.

De acuerdo con una comprensión crítica de la retórica teológica, la tarea principal de la teología bíblica es indagar si y cómo, las Escrituras hablan acerca del D**s viviente como un D**s de justicia, amor, y bienestar (salvación), en lugar de un D**s de dominación y deshumanización. Tal proceso de reflexión crítica te*-ética no se ocupa de (re)-producir la teología de un libro de la Biblia o de un escritor una vez y para siempre. Esta más bien interesada en un proceso crítico-constructivo permanente de

---

13 Terence E. Fretheim, "Is the Biblical Portrayal of God Always Trustworthy?," en Terence E. Fretheim y Karlfried Fröhlich, *The Bible As Word of G*d in a Postmodern Age* (Minneapolis: Augsburg Fortress, 1998), 97-112.

«hacer» teología como una retórica hermenéutica de emancipación.[14]

Si el lenguaje y las imágenes de D**s dicen más acerca de las personas que las usan y de la sociedad y la iglesia donde viven e imaginan lo Divino, que de la Divinidad en sí, entonces la tarea correcta de la teología bíblica es la de dedicarse a un análisis crítico permanente de todos los discursos acerca de D**s inscritos en las Escrituras. Por lo tanto, es importante investigar de qué manera la retórica del kyriarcado ha conformado y sigue conformando las Escrituras cristianas y la imaginación bíblica.

Mientras que la teología feminista ha problematizado el lenguaje androcéntrico de las Escrituras, la teología feminista poscolonial ha investigado las estructuras imperiales inscritas en las Escrituras y sus legitimaciones divinas. Por lo tanto, me dirigiré primero al problema del lenguaje androcéntrico (centrado en un D**s masculino) y su importancia para la retórica contemporánea de D**s. En un segundo paso, continuaré destacando el kyriocentrismo (centrado en el carácter de emperador, señor, amo, padre, esposo), de las Escrituras al hablar de D**s.

El problema del lenguaje kyriarcal y de género para hablar de D**s

El problema del lenguaje androcéntrico y kyriocéntrico es como los dos lados de una sola moneda. Por lo tanto, el análisis crítico del lenguaje androcéntrico y kyriocéntrico

---

14 Ver mis libros *But She Said* (Boston: Beacon Press, 1992); *Jesus, Miriam's Child and Sophia's Prophet* (New York: Crossroad, 1994); y *Sharing Her Word* (Boston: Beacon Press, 1998), para la elaboración de este acercamiento.

no debe entrar en choque uno con otro, ya que ambos son constitutivos de textos kyriarcales. Por ejemplo, Kowk Pui Lan señala que muchos teólogos asiáticos están preocupados principalmente con asuntos de neocolonialismo, militarismo o turismo de sexo, y no con el lenguaje sexista en el ámbito bíblico o litúrgico. [15] Sin embargo, privilegiar asuntos de neocolonialismo ignora la estrecha relación del lenguaje androcéntrico y kyriocéntrico que funciona como una legitimación ideológica de sociedades y culturas kyriarcales. Los idiomas asiáticos son más inclusivos en asuntos de género o usan el género de forma diferente a los idiomas occidentales. Sin embargo, como ha señalado la erudita feminista Satoko Yamaguchi, la cuestión de

lenguaje e imaginación plenamente inclusivos en nuestras tradiciones religiosas es un asunto urgente al cual no podemos hacer otra cosa que dar prioridad en un mundo injusto. Esto debido al hecho de que la imaginación religiosa kyriarcal inscribe y naturaliza los valores kyriarcales en los niveles subconscientes profundos de nuestras mentes. Por lo tanto, influye no sólo en nuestra relación con otras personas y con D**s, sino también en la formación de nuestra auto-identidad, nuestro ser en su esencia. [16]

Las frecuentes discusiones acaloradas y las reacciones violentas[17]alrededor de la así llamada traducción de la

---

15 Kwok Pui Lan, *Introducing Asian Feminist The*logy* (Cleveland: Pilgrim Press, 2000), 65-78.

16 Satoko Yamaguchi, "Father Image of G*d and Inclusive Language: A Reflection in Japan, " en Fernando Segovia, ed., *Toward a New Heaven and a New Earth. Essays in Honor of Elisabeth Schüssler Fiorenza* (Maryknoll: Orbis, 2003), 219-224. 223 n.55.

17 Ver por ejemplo Susan Brooks Thistlethwaite, *Sex, Race, and G*d: Christian Feminism in Black and White* (New York: Crossroad, 1989), 109ss.

Biblia o de la liturgia en lenguaje inclusivo, indican cuán profundamente el lenguaje y las imágenes masculinas kyriarcales de D**s se ha arraigado en la auto-comprensión cristiana.[18] Aunque la Escritura trata de evitar la cosificación esencialista de lo Divino como masculino, al prohibir hacer cualquier imagen de D**s, el lenguaje bíblico y tradicional de D**s es predominantemente masculino. La corriente de crítica masculina y los estudios bíblicos feministas han documentado ampliamente que la Biblia está escrita en un lenguaje andro-kyriocéntrico, y dirigida e interpretada por personas en culturas kyriarcales.

Aunque la Biblia también habla de D**s en términos femeninos y utiliza imágenes femeninas, el lenguaje bíblico sobre D**s es abrumadoramente kyriocéntrico y su favoritismo kyriarcal es muy predominante. Se imagina a D**s como un guerrero poderoso. Él actúa como un típico soberano del cercano Oriente, señor supremo que destruye no sólo a los enemigos de Israel, sino también al propio Israel. Se dice que él exige la destrucción total de ciudades e imperios, de hombres, mu/jeres, niños, animales y todo ser vivo. En su ira, él envía diluvios y granizadas, sequías y pestes, con el fin de destruir al pueblo y la tierra. Se representa también a D**s como un abusador de niños (cf. Gen 22) y como un voyeur sexual. Por ejemplo, D**s amenaza con «levantar las faldas de Israel para exponer sus genitales.» (Is 3.17; Ez 16.35-43; 23.9-10, 28-30);[19] o bien,

---

18 Ver por ejemplo Donald Bloesch, *The Battle for the Trinity: The Debate Over Inclusive God Language* (Ann Arbor: Servant Publications, 1985); Alvin Kimel, ed., *Speaking the Christian God* (Grand Rapids: Eerdmans, 1992) and Werner Neuer, *Man and Woman in Christian Perspective* (London: Hodder & Stoughton, 1990).

19 Terence E. Fretheim, "Is the Biblical Portrayal of God Always Trustworthy?," en Terence E. Fretheim and Karlfried Fröhlich, *The Bible As Word of G*d In A Postmodern Age* (Minneapolis: Augsburg Fortress, 1998), 97-112.

con el fin de castigar al rey David se dice que D**s ha dado su mujer a otro hombre con el propósito explícito de la violación (2 Samuel 12.11).

Al mismo tiempo, no hay que olvidarse que la Biblia habla de D**s en un lenguaje metafórico, simbólico, mitológico y analógico, que está presente en el lenguaje retórico. Habla con una multiplicidad de imágenes que no siempre son genéricas o kyriarcales, pero que se basan en todo tipo de experiencias y de conceptos culturales. Además, la Biblia no sólo utiliza imágenes humanas para hablar de lo divino, sino que se basa en la experiencia de toda la creación. Ve a D**s como roca, luz, león rugiente, águila madre (Ex 19.4; Dt 32.11-12), madre oso (Os 13.8), agua o amor; actuando y relacionando, amenazando y consolando; D**s "con nosotros" y "por encima y contra nosotros"; Elohim y Yahvé. La teología bíblica insiste en la santidad y total alteridad de D**s, tanto como la imagen e incrustación de lo Divino en la historia humana. Utiliza los mundos simbólicos y los sistemas de creencias de las culturas de su entorno, y al mismo tiempo insiste que es idolatría hacer una imagen de D**s en términos de estas culturas. Sabe que el lenguaje y las imágenes humanos no son capaces de comprender y expresar al Santísimo, aunque los creyentes siempre estamos tentados a reducir a D**s a nuestra comprensión y conceptualización humana, limitada y distorsionada.

Por lo tanto, los discursos bíblicos acerca de D**s no han logrado evitar el peligro teológico de cosificar el lenguaje sobre D**s en términos del lenguaje de imperio y el sistema kyriarcal de sexo/género, porque ellos han utilizado predominantemente el lenguaje, las metáforas y las imágenes masculinas del imperio en su hablar de D**s. La interpretación bíblica re-inscribe tal lenguaje bíblico kyriocéntrico de D**s cuando entiende, por ejemplo, el discurso de la Sabiduría Divina o la Shekiná en términos metafóricos, mientras que, al mismo tiempo, interpreta el discurso masculino sobre D**s, el Padre y Señor, como descriptivo del lenguaje teológico que expresa adecuadamente la naturaleza y ser de D**s. Tales interpretaciones en términos kyriarcales masculinos ocultan que, de acuerdo con la tradición tanto judía como cristiana, el lenguaje humano acerca de D**s siempre debe ser entendido como lenguaje metafórico o analógico. El lenguaje sobre D**s es simbólico, metafórico y analógico porque el lenguaje humano nunca puede comprender y hablar adecuadamente sobre la realidad Divina.

La traducción de la Biblia, por lo tanto, tiene que adoptar una teoría de lenguaje que no se suscriba a un determinismo lingüístico. El lenguaje kyriocéntrico no se debe entender como un lenguaje proposicional "natural" que describa y refleje la realidad, sino más bien como una retórica clasificatoria e interactiva que construye la realidad en términos kyriarcales. El lenguaje convencional no es solamente producido, sino también regulado y perpetrado en el interés de la sociedad y la cultura kyriarcales. Si el lenguaje no es un reflejo de la realidad, sino más bien un sistema lingüístico, social y cultural en donde la retórica construye lo que dice, entonces la relación entre el lenguaje y la realidad no se fija como un "hecho" esencial. Más bien, siempre se construye un nuevo discurso. Esto es cierto particularmente cuando el lenguaje habla acerca de la realidad Divina, ya que esta realidad trascendente no puede ser adecuadamente comprendida o expresada en lenguaje humano. La falta de habilidad para comprender y expresar quién es D**s prohíbe cualquier absolutización de símbolos, imágenes y nombres para D**s, sean

155

gramaticalmente masculinos, femeninos o neutros. Tal relatividad absoluta del lenguaje teológico acerca de D**s exige, al contrario, una proliferación de símbolos, imágenes y nombres para expresar la realidad divina que es humanamente incomprensible e indecible.

Si el lenguaje es una convención socio-cultural y una herramienta de poder, pero no un reflejo de la realidad,[20] entonces se debería rechazar teológicamente cualquier identificación esencialista, no sólo de género gramatical y realidad divina, sino también de género gramatical y realidad humana. No todos los idiomas tienen tres géneros gramaticales o identifican el así llamado género natural con el género gramatical. La identidad masculina o femenina no se define por el sexo biológico, sino que se construye en y a través de las convenciones lingüísticas, sociales, culturales, religiosas o étnicas.[21] El ser mujer biológicamente y la feminidad cultural han tenido significados muy diferentes, por ejemplo, entre una mujer libre y una esclava en Atenas, entre una reina y sus súbditos en Europa medieval, entre una mujer blanca de una plantación y su esclava negra en los Estados Unidos o entre una campesina y una profesional en China.[22]

---

20 Con respecto al lenguaje androcéntrico, ver las diversas contribuciones en Deborah Cameron, ed., *The Feminist Critique of Language: A Reader* (New York: Routledge, 1998).

21 Cf. Ean Beck, *The Cult of the Black Virgin* (Boston: Arkana, 1985); Ivan Van Sertima (ed.), *Black Women in Antiquity* (New Brunswick: Transaction Books, 1988); Martin Bernal, *Black Athena: The Afroasiatic Roots of Classical Civilization* (New Brunswick: Rutgers University Press, 1988); Gina Galland, *Longing for Darkness. Tara and the Black Madonna* (New York: Penguin Books, 1990).

22 Elizabeth V. Spelman, *Inessential Woman: Problems of Exclusion in Feminist Thought* (Boston: Beacon, 1988) ha descrito estas relaciones en la antigüedad y en el mundo moderno.

En resumen, el debate en torno a la traducción bíblica y litúrgica inclusiva requiere que reflexionemos sobre lo inadecuado del lenguaje andro-kyriocéntrico sobre D**s y que lo problematicemos. Este debate nos obliga a continuar la lucha, no sólo contra el lenguaje convencional imperial masculino sobre D**s, sino también contra las funciones e implicaciones autoritarias y exclusivistas de este lenguaje. La teología feminista debe ser acompañada, a mi juicio, por la corriente teológica masculina en la re-articulación de los símbolos, imágenes y nombres del D**s de la Biblia, en el contexto de las experiencias de aquellas mu/jeres que luchan en la parte inferior de la pirámide kyriarcal por la supervivencia y el bienestar. Es necesario hacer esto de tal manera que, no sólo el lenguaje masculino consolidado y absolutizado acerca de D**s y Cristo sea radicalmente cuestionado y socavado, sino que también el sistema occidental de lenguaje kyriarcal sea totalmente deconstruido. Sólo entonces la teología será capaz de abrir nuevas posibilidades bíblicas y visiones de liberación y bienestar,[23] lo cual no se ha realizado aún históricamente.

Al hablar del D**s bíblico, los discursos bíblicos y las liturgias cristianas, además de las teologías tradicionales, han sucumbido al peligro de la idolatría en cuanto han usado lenguaje, metáforas e imágenes predominantemente masculinas y kyriarcales para hablar sobre lo Divino. La interpretación bíblica re-inscribe tal lenguaje kyriocéntrico acerca de D**s como un hecho o revelado cuando, por ejemplo, entiende las imágenes femeninas para D**s en términos metafóricos pero entiende el lenguaje acerca

---

23 Ver, por ejemplo, los ejercicios prácticos y los rituales litúrgicos en Cady, Ronan and Taussig (eds.) *Wisdom's Feast: Sophia in Study and Celebration* (New York: Harper & Row, 1989).

de D**s Padre, Rey y Señor como lenguaje teológico descriptivo que expresa adecuadamente la naturaleza y la esencia de D**s.

Pero, ¿cómo es posible pensar en y nombrar lo divino de manera diferente en una cultura y sociedad kyriarcal? [24] ¿Cómo se puede hablar de D**s de tal manera que los símbolos teológicos de D**s ya no legitimen las relaciones de dominación ni continúen inculcando el mito cultural de lo masculino y lo femenino en términos teológicos? ¿Cómo se puede corregir la tradición masculina del lenguaje de D**s y los rituales, de tal manera que las mu/jeres podamos entendernos teológicamente como manifestaciones paradigmáticas de la imagen divina?

La teología feminista ha intentado responder a estas preguntas mediante la introducción de imágenes femeninas en el lenguaje cristiano de D**s. [25] Lo ha hecho de dos maneras: al revalorar los restos de las imágenes femeninas en la Biblia, tales como los de la Sabiduría Divina, o al recuperar las tradiciones perdidas de la Diosa. [26] Las feministas judías, a su vez, han reclamado volver a la figura femenina de la Shekiná, especialmente tal como fue elaborada en la Cábala. Mientras tanto, las teólogas cristianas se han centrado en rearticular la Trinidad en términos de

24 Sobre este tema ver la importante obra de Sallie McFague, *Models of God. The*logy for an Ecological Age* (Philadelphia: Fortress, 1987) and Ead., *The Body of God. An Ecological The*logy* (Minneapolis: Fortress, 1993).

25 Ver la reseña de Linda A. Moody, Wo/men Encounter God. Theology Across the Boundaries of Difference Maryknoll: Orbis Books, 1996.

26 Silvia Schroer, "Die götliche Weisheit und der nachexilische Monotheismus," in Marie-Theres Wacker und Erich Zenger, eds., Der eine Gott und die Göttin: Gottesvorstellung des biblischen Israel im Horizont feministischer Theologie Freiburg: Herder, 1991, 151-183

relacionalidad[27] e imágenes femeninas. Las feministas de diversas tendencias han comenzado a celebrar la Divina femenina en la liturgia y el arte. Han tratado de volver a articular las fórmulas y rituales tradicionales, no sólo en términos inclusivos, sino en términos de las experiencias de las mu/jeres.

Con ese fin, las teólogas neopaganas y pos-bíblicas han hecho resurgir las tradiciones y el culto a las diosas.[28] Han postulado que las sociedades patriarcales de guerreros fueron precedidas por sociedades matrilineales pacíficas en las cuales se rendía culto a la Diosa. Han redescubierto las llamadas Diosas prehistóricas y también han buscado liberar a las diosas de las épocas clásicas de Roma, Grecia y Egipto de su inserción en el mito patriarcal. Las feministas que trabajan en el campo de la religión comparativa han dado a conocer a audiencias occidentales las Diosas de Asia, las Américas, África y de pueblos indígenas alrededor del mundo. En su ensayo ya clásico, "¿Por qué las mu/jeres necesitan de la Diosa?", Carol Christ ha resumido esta búsqueda por la Diosa como una búsqueda por el poder femenino espiritual.[29]

---

27 Ver Catherine Mowry LaCugna, "God in Communion With us," en Catherine Mowry LaCugna,ed,   Freeing Theology. The Essentials of Theology in Feminist Perspective San Francisco: Harper San Francisco, 1993, 83-114 y Elizabeth A. Johnson, She Who Is. The Mystery of God in Feminist theological Discourse New York: Crossroad, 1992.

28 Ver Carol P. Christ, The Rebirth of the Goddess: Finding Meaning in Feminist Spirituality Reading, MA: Addison-Wesley Publishers, 1998.

29 Carol P. Christ, "Why Women Need the Goddess: Phenomenological, Psychological, and Political Reflections," en Carol Christ y Judith Plaskow, eds., *Wo/men Spirit Rising: A Feminist Reader in Religion* (San Francisco: Harper & Row, 1979), 273-87.

Mi propio trabajo ha presentado y elaborado la tradición
de la Sabiduría-Sofía como un discurso, pero no el único, de
los primeros cristianos que podría abrir posibilidades hasta
ahora inexploradas de la reflexión teológica feminista.[30]
La Sofialogía judía, que está fundamentada en la creación
de significado interactivo de las tradiciones apocalíptica,
profética y sapiencial, valora la vida, la creatividad y
el bienestar en medio de la injusticia y la lucha. Estos
elementos de las tradiciones sapienciales bíblicas —apertura,
inclusividad, y el énfasis cosmopolita en la espiritualidad
de la creación, así como una visión práctica— han sido
especialmente atractivos no sólo para las feministas, sino
también para la reflexión teológica liberacionista en Asia.

Sin embargo, también hay que señalar que algunas
formas feministas de hablar de D**s están en peligro de
sucumbir a una noción "romántica" de la feminidad [31] o
lo que yo llamaría la ideología de la Dama Blanca. De esta
manera se corre el peligro de reinscribir la cultura binaria
de género kyriocéntrica occidental que, o bien desvaloriza
a las mu/jeres y la feminidad, o bien la idealiza como
si representara cualidades superiores, trascendentes y
salvíficas. Al ensalzar la feminidad de la Sabiduría o de la
Diosa, tal acercamiento de binomio-género feminista no
puede sino reinscribir sistemas kyriarcales de dominación
de las culturas occidentales en términos teológicos.
Diviniza la ideología hegemónica de feminidad cultural
que está diseñada en la imagen y semejanza de la "Dama
Blanca". Siempre cuando la teología está situada dentro de

---

30 Ver mi libro *Jesus. Miriam's Child and Sophia's Prophet*, 131-163 y *Sharing Her Word. Feminist Biblical Interpretation in Context*, 137-160.

31 Ver la discusión en Catherine Madsen et al., "If God is God. She Is Not Nice," *Journal of Feminist Studies in Religion* 5/1 (1989) 103-118.

un marco de dualismo esencial de género, reproduce este marco ideológico.[32]

Con el fin de evitar esta dificultad, como ya he argumentado, se debe leer en contra de la corriente del marco cultural feminista, y cambiar la discusión de la figura Divina femenina del nivel ontológico-metafísico a un nivel lingüístico, simbólico y retórico de reflexión. Este cambio se justifica en la medida en que el lenguaje de divinidad femenina, así como el de la divinidad masculina, no son discursos ontológicos teológicos acerca de la esencia y el verdadero ser de D**s, sino que los discursos retóricos incorporan una variada "mitología reflexiva".[33] Con el lenguaje gramaticalmente masculino adoptado por los discursos antiguos de Sabiduría y la interpretación bíblica moderna, es difícil hablar adecuadamente de la Sabiduría Divina en el marco kyriocéntrico "preconstruido" del monoteísmo judío y cristiano. En la medida en que este lenguaje se esfuerza por evitar convertir la Sabiduría Divina en una segunda deidad femenina subordinada a la deidad masculina, lucha también contra la cosificación teológica del monoteísmo en términos de la hegemonía cultural occidental de la élite masculina.

Cuando se habla del D**s bíblico, los discursos de las escrituras y las liturgias cristianas, así como las teologías

---

32 Ver, por ejemplo, Christa Mulack, *Jesus der Gesalbte der Frauen* (Stuttgart: Kreuz Verlag, 1987).

33 Para esta expresión, ver mi artículo "Wisdom Mythology and the Christological Hymns of the New Testament" en Robert L. Wilken, ed., *Aspects of Wisdom in Judaism and Early Christianity* (Notre Dame: Notre Dame, 1975), 17-42. Quedé encantada de la tradición sapiencial en el Testamento Cristiano en el contexto de Seminario Rosenstil en 1973 sobre "Sabiduría en el judaísmo y el cristianismo tempranos", auspiciado por el Departamento de Teología de la Universidad de Notre Dame.

de corriente masculinas, han sucumbido a este peligro
en la medida en que han utilizado principalmente el
lenguaje, metáforas e imágenes masculinas para hablar de
lo Divino. La interpretación bíblica re-inscribe tal lenguaje
kyriocéntrico de D**s como un hecho revelado cuando
entiende las imágenes femeninas de D**s en términos
metafóricos, pero entiende el lenguaje de D**s, Padre, Rey
y Señor, en términos ontológicos, como lenguaje teológico
descriptivo que expresa adecuadamente la naturaleza y ser
de D**s.

En resumen, argumento que quien redime y salva
no es ni un D**s patriarcal ni una Diosa matriarcal,
ni masculino ni femenino, ni tampoco una Paternidad
Divina, ni la complementaria Maternidad. Más bien, todos
los símbolos kyriarcales —masculinidad y feminidad, piel
pálida y piel oscura, riqueza y explotación, nacionalismo
y colonialismo— deben ser cuidadosamente probados en
una crítica de la ideología feminista en curso. Tal crítica
ideológica feminista no puede tomar sus pautas del dogma
establecido ni de sistemas culturales de dominación. Más
bien, se esfuerza por nombrar y reflexionar críticamente
sobre las experiencias, tanto negativas como positivas, de
las mu/jeres con D**s. Para hacerlo, necesita sostener una
auto-reflexión crítica permanente que rechace un lenguaje
acerca de D**s que promueva la masculinidad jerárquica
o la feminidad idealizada, lo que proyectaría el sistema
cultural occidental de sexo y género al cielo.

A fin de mantener tal impulso persistente y crítico de la
reflexión teológica, es necesario en mi juicio transformar
las reglas tradicionales que hablan de D**s en términos
ontológico-metafísicos en lugar de simplemente complementar o sustituir el lenguaje masculino de D**s con uno

femenino. Es necesario reformular las reglas tradicionales para hablar de D**s con un método crítico que las entienda como estrategias retóricas de afirmación, negación, proliferación y transformación.

Estrategias para hablar de D**s en una clave feminista

Sólo una estrategia teológica que se acerque a los discursos clásicos sobre D**s con un método de deconstrucción y divulgación, de crítica y amplificación simbólica,[34] es capaz de desarrollar una forma liberadora de participar y transformar el lenguaje, los símbolos, y las imágenes de D**s. Para indagar sobre la retoricidad del lenguaje de D**s, sugiero que una retórica crítica feminista de transformación puede utilizar y combinar las cuatro formas de hablar acerca de D**s desarrolladas en la tradición teológica cristiana.[35]

En primer lugar, tal teología comienza con la suposición de que D**s no es un D**s de opresión sino de liberación y busca articular esta convicción en una multiplicidad de formas. Como D**s es un D**s de liberación y bienestar, una estrategia teológica afirmativa (*vía afirmativa o analógica*) atribuye a D**s, positivamente, todos los deseos utópicos de liberación y bienestar con los cuales un sinnúmero de personas sueñan y esperan. Este tipo de discurso afirma-

---

34 Ver Susan Heckman, *Gender and Knowledge. Elements of Postmodern Feminism* (Boston: Northeastern Univ. Press, 1990) 152 -190.

35 Catherine Keller, "The Apophasis of Gender: A Fourfold Unsaying of Feminist Theology, "*JAAR* 76/4 (2008), 905-933 también explora esta tradición pero en términos de la apófasis de género, en vez de la apófasis de D**s.

tivo analógico de D**s, sin embargo, no puede limitarse al individualismo antropológico, sino que debe permanecer orientado hacia la realidad y la visión de la *basileia* de D**s. Por otra parte, los discursos afirmativos acerca de D**s siempre necesitan ser conscientes de que su lenguaje es sólo analógico, porque D**s trasciende los deseos humanos por la liberación y nuestras imágenes de la salvación.

Ya que el D**s cristiano ha sido entendido principalmente en términos masculinos como padre e hijo, esta estrategia *afirmativa* de hablar de D**s tiene la tarea especial de introducir nuevos símbolos e imágenes de mu/jeres dentro del lenguaje de D**s, de manera que se haga consciente el hecho de que tanto las mu/jeres como los hombres, los negros así como los blancos, los jóvenes así como los viejos, los pobres así como los ricos, los asiáticos así como los europeos, los cristianos así como los judíos, los hindúes así como los musulmanes, son imagen de D**s. Mientras que la teología permanezca consciente del carácter analógico del lenguaje de D**s y del carácter apofático de lo Divino, será críticamente capaz de introducir dentro del lenguaje cristiano de D**s las imágenes y los nombres de la Diosa que han sido transmitidos, por ejemplo, en el catolicismo en y a través de la Mariología.[36]

---

36 Tal modo de asociación teológica multifacética y ampliación imaginativa surge a luz, por ejemplo, en "Akathistos", un himno mariano de la Iglesia Oriental. Sirve para mostrar cómo el lenguaje bíblico se puede apropiar en forma femenina: "Gegrüßt, du Meer, das verschlungen den heiligen Pharao; gegrüßt, du Fels, der getränket, die nach Leben dürsten; gegrüßt du, Feuersäule, die jene im Dunkeln geführt; ....Gegrüßt, o Land der Verheißungen; gegrüßt, du, aus der Honig und Milch fließt. Gegrüßt, du unversehrte Mutter...." Cf. Gerhard G. Meersemann, ed., *Der Hymnos Akathistos im Abendland. Die* älteste *Andacht zur Gottesmutter* (Freiburg: Herder, 1958).

Sin embargo, tales imágenes femeninas para D**s no deben ser reducidas a principios abstractos o estar limitadas a lo femenino eterno. No pueden ser vistas como aspectos o atributos femeninos de un D**s masculino o aplicados sólo a una persona de la Trinidad. Al contrario, muchas imágenes distintas de mu/jeres y símbolos variados de la Diosa tienen que ser aplicadas a D**s en general, tanto como a las tres personas de la Trinidad por igual. De igual manera como un lenguaje acerca de Jesucristo no introduce un elemento masculino a la Trinidad, el lenguaje femenino simbólico no debe usarse para atribuir feminidad o maternidad a un D**s cuyo esencia se define como masculino. Así como las referencias al Cordero de D**s no introducen características de animales ni hablar de D**s como luz no sugiere un elemento astral divino, tampoco el lenguaje antropomórfico acerca de D**s debe ser malentendido como algo que mantiene feminidad o masculinidad como una cualidad o atributo de lo Divino. Finalmente, tal integración crítica-afirmativa de símbolos femeninos e imágenes de Diosas a los discursos cristianos acerca de D**s haría posible para la teología, aclarar que tanto las mu/jeres como los hombres son imágenes y representantes de D**s.

Así como Judith Plaskow ha exigido para la teología judía, así las feministas cristianas necesitan insistir que la teología supere su "temor a la Diosa."[37] La amenaza al monoteísmo judío y cristiano no consiste en un culto a la Diosa,[38] sino en usar el monoteísmo incorrectamente

---

37 Judith Plaskow, *Standing Again at Sinai. Judaism from a Feminist Perspective* (San Francisco: Harper & Row, 1990), 121 - 169.

38 Para una extensa bibliografía anotada, ver Anne Carson,*Goddesses & Wise Women. The Literature of Feminist Spirituality 1980 - 1992* (Freedom: The Crossing Press, 1992); para una discusión interreligiosa ver Carl Olsen (ed.),

para legitimar religiosamente la dominación patriarcal. Tal dominación ha santificado la explotación no solamente de mu/jeres sino también de los pobres y de las razas y religiones subyugadas. El poder salvífico del D**s bíblico de justicia y amor no peligra por los cultos a las Diosas, sino por el abuso de Él/Ella como ídolo para inculcar intereses kyriarcales.[39]

En segundo lugar, ya que D**s supera radicalmente la experiencia humana, porque Él/Ella/Eso es la X más allá del Ser más allá, ningún lenguaje humano, ni siquiera el de la Biblia, es capaz de hablar adecuadamente de lo Divino. De ahí que la *via negativa* de la teología clásica pone de relieve que no somos capaces de decir correctamente quien es D**s. Más bien, debemos subrayar una y otra vez quien *no* es D**s. D**s *no es como* un hombre, *no es como* un blanco, *no es como* un padre, *no es como* un rey, *no es como* un gobernador, *no es como* un Señor. Ella también *no es como* una mujer, *no es como* una madre, *no es como* una reina, *no es como* una Señora. Tampoco *es como* el fuego, *no es como* un vientre, *no es como* el viento, *no es como* un águila, *no es como* una zarza ardiente.

Debido a que la tradición y la teología cristianas en su mayoría han utilizado un lenguaje masculino para lo Divino, la teología, especialmente la de hoy, debe centrarse en resaltar lo inadecuado de este lenguaje, imágenes y títulos masculinos para el *Innombrable* y rechazar su uso único y a

---

The Book of the Goddess. Past and Present (New York: Crossroad, 1983). Para una historia personal teológica ver Carol P. Christ, *Laughter of Aphrodite. Reflections on a Journey to the Goddess* (San Francisco: Harper & Row, 1987).

39 Para la interconexión entre el lenguaje sobre D**s y la auto-estima, ver Carol Saussy, *God Images and Self Esteem. Empowering Women in a Patriarchal Society* (Louisville: Westminster: John Knox Press, 1991).

menudo exclusivo para hablar acerca de D**s. Lo mismo se aplica al lenguaje simbólico y a las imágenes que identifican a la Divinidad con el eterno femenino, o con la otredad eterna. Tal rechazo crítico y deconstrucción del kyriarcado, en sus formas de masculinidad y feminidad, dominación y sometimiento, ortodoxia y herejía, presentadas como determinantes para el lenguaje de D**s, es una de las tareas más importantes, y no sólo de la teología feminista.

La tercera estrategia de la reflexión teológica clásica, a través de la *via eminentia*, presupone las dos primeras estrategias, pero subraya que tanto el rechazo del lenguaje del D**s masculino así como el modo de hablar de D**s positivamente como Diosa, no son suficientes. La Divinidad es siempre más grande y siempre más de lo que el lenguaje humano y la experiencia pueden expresar. Este "exceso" de lo Divino exige una proliferación consciente y una amplificación de las imágenes y los símbolos acerca de D**s, los cuales han de ser derivados no sólo de la vida humana, sino también de las realidades naturales y cosmológicas. Un ejemplo de tal método de proliferación es la *Teología India*:

En el proceso de hacer *Teología India* es difícil a veces decir quién dijo qué porque, a pesar de la pluralidad de expresiones, las comunidades indígenas mantienen importantes cosas en común en términos de sus maneras comunitarias o colectivas de elaborar el pensamiento. Producen síntesis muy refinadas de su interpretación de cómo Dios, *El Dios de Cuatrocientos Nombres, el Corazón del Cielo y el Corazón de la Tierra,* el Dios infinito está presente y activo en medio de ellos.[40]

---

40 Maria Pilar Aquino, "Thelogy and Indigenous Cultures of the Americas: Conditions of Dialogue," *CTA Proceedings* 61 (2006) 19-50, 26.

La *via eminentia* es capaz de recuperar un rico tesoro de símbolos y metáforas de diversas imágenes de la Diosa y tradiciones para el discurso teológico sobre la Divinidad. No se puede oponer a tal método de proliferación y amplificación de las imágenes de la Diosa con el argumento que esto significaría una remitologización de lo Divino. Tal objeción pasa por alto que todo el lenguaje acerca de lo Divino utiliza imágenes y símbolos míticos. Una estrategia de mitologización lleva, por necesidad, a la multiplicidad de mitos y mitologías, pero no resulta en politeísmo siempre y cuando se mantenga dentro de los límites retóricos establecidos por la *via negativa* y la *via analogica*. Dicha estrategia de ambas: recuperación de las imágenes culturales y religiosas de la Diosa desde diferentes ubicaciones sociales y religiosas, y la reconstrucción o re-integración de ellas dentro del lenguaje cristiano de D**s, daría lugar a una articulación de lo Divino que ya no se concibe como exclusivamente masculina o como agente de dominación.

En cuarto lugar, la última estrategia tradicional teológica, la *via practica,* suele relacionarse con la liturgia y la espiritualidad. Sin embargo, una teología crítica feminista trata de ubicar el lenguaje de D**s[1] en la praxis y la solidaridad de la lucha contra el kyriarcado en los movimientos de liberación sociales y eclesiales. La creatividad y la emotividad de la espiritualidad de la Diosa deben ser colocadas e integradas dentro de estos discursos sobre la liberación, para no ser mal utilizadas, de una manera reaccionaria kyriarcal por ejemplo.

En resumen, sostengo que todos los símbolos kyriarcales —masculinidad y feminidad, pálidos y piel

---

[1] Cf. Ruth C. Duck, *Gender and the Name of God. The Trinitarian Baptismal Formula* (New York: The Pilgrim Press, 1991).

oscura, dominación y subordinación, riqueza y explotación, nacionalismo y colonialismo— deben ser cuidadosamente probados por una crítica ideológica feminista. No es ni un D**s patriarcal ni una Diosa matriarcal, ni masculino ni femenino, tampoco la Paternidad Divina, ni la complementaria Maternidad quien redime y salva.

Una crítica feminista cristiana de la retórica tradicional de D**s no debería tomar sus pistas ni de los patrones de género kyriarcales, ni de los sistemas culturales de dominación. Más bien debe tratar de nombrar y de reflexionar críticamente, tanto en lo negativo como en lo positivo, sobre las experiencias de D**s en las luchas de las mu/jeres en contra de la deshumanización. Para hacerlo, necesita sostener una crítica permanente de auto-reflexividad, que sea capaz de rechazar aquel lenguaje acerca de D**s que promueva el poder masculino o el ideal cultural femenino, y que por ello proyecte el sistema cultural kyriarcal de sexo-género al cielo.

A pesar de que D**s está "más allá" de la opresión, se puede experimentar su presencia reveladora en medio de las luchas contra la deshumanización y la injusticia. Se debe nombrar a D**s como el poder activo de justicia y bienestar en medio nuestro. Es Él/Ella quien nos acompaña en nuestras luchas contra la injusticia y por la liberación, al igual que Él/Ella acompañó a los israelitas en su viaje por el desierto, de la esclavitud a la libertad.[41]

Esta práctica hermenéutica feminista de lucha-con-D**s es una parte integral de la tradición emancipadora feminista de agencia religiosa, justicia e igualdad para mu/

---

41 Ver *Sabiduría* 10.1-21.

jeres, en el cual se ubica mi propio trabajo. Esta tradición ha afirmado y sigue afirmando la autoridad y el derecho de las mu/jeres de nombrar a D**s y a interpretar la experiencia, tradición y religión desde una perspectiva teológica feminista. Esta tradición ha insistido en que no se puede lograr la equidad, la libertad y la democracia a menos que las voces de las mu/jeres se levanten, y sean escuchadas en la lucha por la justicia y la liberación para todas las personas sin tener en cuenta sexo, clase, raza, nacionalidad o religión.

Aunque esta tradición feminista de la autoridad religiosa y agencia teológica de las mu/jeres permanece fragmentada y no siempre ha podido escapar a las limitaciones contextuales y a los marcos prejudiciales de su propio tiempo y ubicación social, su conocimiento crítico y su vitalidad siguen siendo esenciales para los estudios bíblicos feministas. Al tomar como su punto de partida la experiencia y el análisis articulado en las luchas feministas para transformar el kyriarcado,[42] la interpretación bíblica feminista reclama la autoridad de las mu/jeres que luchan por la sobrevivencia y la liberación, para impugnar la autoridad kyriarcal y valores opresivos enraizados en el lenguaje cristiano acerca de D**s, las Escrituras y la tradición. Por lo tanto, el acto de nombrar a D**s y hacer una interpretación bíblica de manera crítica, feminista y liberadora es parecido a la antigua práctica de "discernir los espíritus," una práctica espiritual retórica y deliberativa.

---

42 Para un marco teórico similar, ver Bell Hooks, *Feminist Theory: From Margin to Center* (Boston: South End Press, 1984).

La autoridad de las mu/jeres
para nombrar lo Divino

Como sujetos teológicos, las feministas necesitan insistir en su autoridad espiritual para asesorar la imaginación tanto opresiva como liberadora del lenguaje sobre D**s, de textos bíblicos en particular o de tradiciones kyriocéntricas tradicionales. Lo hacen para sacar a luz las funciones kyriarcales del lenguaje litúrgico autoritativo, y las afirmaciones acerca de las Escrituras que inculcan sumisión y exigen obediencia. Al deconstruir la retórica kyriarcal comprensiva y la política de obediencia y subordinación en el lenguaje acerca de lo Divino, las exploraciones críticas feministas pueden generar nuevas posibilidades para la construcción comunicativa de identidades religiosas y prácticas liberadoras.

Una exploración crítica feminista del lenguaje sobre D**s en la *ekklesia* de mu/jeres[43] —vista como el espacio imaginativo para la igualdad y dignidad radical de cada persona— comprende la autoridad bíblica y teológica no como algo que requiere subordinación y obediencia. Entiende la verdad no como algo dado una vez para siempre, algo escondido y enterrado que puede ser develado y desenterrado en una lectura espiritual de los textos bíblicos. Más bien entiende la revelación como algo en marcha, como levadura fermentándose con la presencia abrumadora de la Sabiduría Divina, que puede

---

43 Para una discusión perceptiva de la *ekklesia de las mu/jeres*, ver Elizabeth Castelli, "The Ekklēsia of Women and/as an Utopian Space: Locating the Work of Elisabeth Schüssler Fiorenza in Feminist Utopian Thought," en *On the Cutting Edge,* ed. Jane Schaberg, Alice Bach, and Esther Fuchs (New York: Continuum, 2004), 21-35; ver también la discusión de Jánnine Jobling, *Feminist Biblical Interpretation in Theological Context* (Burlington: Ashgate, 2002).

ser experimentada y articulada solamente en y por medio de prácticas liberadoras.

Lo que es "revelado" por la causa de la salvación, liberación y bienestar de las mu/jeres no puede ser articulado una vez para siempre. El criterio para "la salvación de las mu/jeres" es un criterio formal que necesita "deletrearse" en situaciones siempre nuevas de luchas sociales, políticas y religiosas. No es inherente al lenguaje tradicional sobre D**s, ni a los textos bíblicos ni a la subjetividad esencializada de las mu/jeres, sino que se necesita volver a articularse una vez tras otra dentro de los contextos históricos particulares de lucha.

En resumen, dado que en la cultura occidental los valores kyriarcales han moldeado la auto-comprensión de las mu/jeres y el discurso socio-cultural-político global, una interpretación crítica feminista para la liberación busca proveer un método de conscientización que eleve a reflexión crítica los valores, marcos culturales y bíblicos que las mu/jeres han internalizado, y crear un espacio pedagógico para transformar la auto-comprensión, auto-percepción y auto-enajenación de las mu/jeres. Al analizar el poder de persuasión del lenguaje kyriarcal acerca de D**s, se busca engendrar la teología feminista y la interpretación bíblica como una praxis crítica feminista en contra de todas las formas de dominación.

Como hemos visto, un nombramiento crítico de lo Divino es un proceso complejo y estimulante en la teología tradicional negativa y más aún en la *theolegein* feminista. Las feministas han usado distintas metáforas y comparaciones retóricas para nombrar tal proceso liberador de interpretación: "Hacer visible", "prestar atención al discurso" o "encontrando la voz propia". En lo personal he preferido metáforas de movimiento, tales como dar vuelta, caminar, camino, baile, olas del mar o lucha. Ya que Platón denunció la retórica como "un simple cocinar", a veces he empleado esta metáfora para hablar de la interpretación bíblica y teológica como hacer pan, mezclar leche, amasar harina, levadura y pasas en una masa, o como preparar un guiso, utilizando distintas hierbas y especies para sazonar papas, carnes y zanahorias que, al mezclarse, producen un sabor nuevo y diferente.

La metáfora de la danza en círculo parece expresar mejor el método de hacer teología feminista e interpretación bíblica. Danzar involucra cuerpo y espíritu, sentimientos y emociones, nos lleva más allá de nuestros límites y crea comunidad. Danzar frustra todo orden jerárquico porque se mueve en espirales y círculos. Nos hace sentirnos vivos y llenos de energía, de poder y de creatividad.

Moviéndose en espirales y círculos, la interpretación bíblica crítica feminista está en proceso; no se puede hacer de una vez para siempre, sino que tiene que ser repetida de forma diferente en diferentes situaciones y desde diferentes perspectivas. Es algo emocionante porque cada vez que se nombra a D**s, emerge una imaginación diferente. Al deconstruir la retórica kyriarcal y las políticas de desigualdad y subordinación que están inscritas en nuestro lenguaje sobre D**s, las teólogas feministas pueden generar nuevas articulaciones de identidades religiosas democráticas radicales y prácticas liberadoras.

Sea que se piense en el proceso interpretativo liberador como hacer pan, preparar un guiso sabroso o un baile alegre, los ingredientes esenciales (especies, estrategias o movimientos) en un proceso crítico de nombrar a D**s de forma feminista y multicultural son:

- Una experiencia de la religión y un reconocimiento de la ubicación socio-ideológica y función política del lenguaje autoritativo sobre D**s.

- Un análisis crítico tanto de los efectos de la dominación global (kyriarcado) sobre las expresiones religiosas y el hablar de lo Divino, como también de la función del lenguaje sobre D**s en la formación de identidad y la explotación a nivel global.

- Una sospecha de lenguaje, textos, rituales y marcos teológicos kyriocéntricos.

- Una valoración y evaluación del lenguaje sobre D**s en términos de una escala de valores feministas liberadores en un contexto global de explotación y deshumanización.

- Una imaginación y visión creativa del mundo distinto de D**s, un mundo de justicia y bienestar.

- Un análisis y recuerdo[44] del lenguaje sobre D**s en las luchas de las mu/jeres para cambiar religiones del pasado y del presente

- Una transformación del lenguaje sobre D**s y la religión en acciones democráticas radicales a favor del cambio y la transformación.

---

44 Ver Elisabeth Schüssler Fiorenza, "Re-Visioning Christian Origins: *In Memory of Her* Revisited." Páginas 225–50 en *Christian Beginnings: Worship, Belief and Society*. Kieran O'Mahony. ed. (London: Continuum International, 2003).

La praxis teológica de re-nombrar lo Divino se hace mejor en grupos de conscientización feminista que se muevan continuamente entre experiencia individual y comunal, entre lucha y bienestar, entre presente y pasado, entre interpretación y re-nombramiento, entre realismo e imaginación, moviéndose para engendrar una identidad y visión feminista democrática radical. Tales grupos de conscientización son el sitio imaginario feminista religioso para "hacer el mundo".

Teología feminista como ciencia de esperanza

El "hacer el mundo" religioso[45] es difícil pero posible. Sugiero que la teología feminista tiene los medios para imaginar y articular el "todavía no" de un mundo libre de dominación y violencia. La teología, el hablar sobre lo Divino, se entiende como la ciencia de la fe. Como tal, intenta adherirse a experiencias y pensamientos históricamente petrificados, a escrituras y tradición que buscan preservar tal pensamiento tradicional como verdad de fe y explorar su poder eficaz para hoy. Al hacer esto, pasa por alto el hecho de que la verdad tradicional emplea siempre el lenguaje del kyriarcado y sigue inscribiendo también estructuras históricas de dominación.

Por lo tanto, se hace necesario que una teología feminista de liberación, política y crítica articule el *theolegein* como una ciencia de la esperanza que busca realizar cambios y transformaciones por medio de la crítica y de nuevas

---

45 Cf. Darlene M. Juschka, *General Introduction*, en Eadem, ed., *Feminism in the Study of Religion, ibid,,* p. 18 con referencia a William E. Paden, *Religious Worlds: The Comparative Study of Religion* (Boston: Beacon Press 1994).

perspectivas. La teología como ciencia de esperanza busca imaginar el mundo libre de la dominación y la violencia, como D**s lo quiere, y de imaginarlo una y otra vez con ayuda de las tradiciones y los lenguaje religiosos.

Mientras que la fe se entiende muchas veces como el hecho de creer que algo es verdad, lo cual excluye otras perspectivas religiosas, la esperanza se refiere al deseo por algo que nos hace falta, al anhelo por la justicia, la felicidad, la vida y el bienestar, a las ansias por un mundo y un futuro más justos. Que esa esperanza es algo delicado y frágil, algo que puede desaparecer y sucumbirse a la desesperación, se expresa en las palabras de la poetisa judía-alemana Hilde Domin: "El anhelo por la justicia no disminuye, pero la esperanza, sí. Las ansias por la paz no disminuyen, pero la esperanza sí".[46]

La esperanza requiere fuerza y desafío; necesita -diría yo- religión, para mantenerse viva. La religión es un concepto resbaladizo, que es definido y comprendido de distintas formas. No existe una definición universalmente aceptada de la religión. Para una teología crítica feminista, la comprensión de la religión de "hacer el mundo", "crear el mundo" es importante. La religión y la teología dependen de sistemas existentes de símbolos y mitos para el proceso de "hacer el mundo". En y por medio de acciones simbólicas e imaginación, la religión crea y vuelve a crear un mundo de gracia, diferente a nuestro mundo actual de injusticia y violencia.

Tal entendimiento de la religión no concibe la trascendencia como algo "del más allá", sino que la imagina

---

46 "Die Sehnsucht nach Gerechtigkeit nimmt nicht ab, aber die Hoffnung. Die Sensucht nach Frieden nicht, aber die Hoffnung."

como un mundo alternativo de D**s que cuestiona y desafía radicalmente los sistemas de dominación y las injusticias de nuestro mundo actual. El medio para lograr tal imaginación tan radicalmente diferente es el lenguaje. Sin embargo, no se puede pasar por alto que el lenguaje religioso, igual que todo otro lenguaje, tiene un doble efecto: puede reflejar nuestro mundo histórico kyriarcal y legitimar el estatus quo con la religión, o bien puede articular un mundo alternativo de justicia y amor para proclamarlo como el mundo deseado por D**s.

La imagen de ambos mundos, el mundo kyriarcal de dominación, violencia e injusticia por un lado, y el mundo divino, libre de género, con bienestar, justicia y amor por otro, están inscritos lingüísticamente en las Sagradas Escrituras y sus tradiciones formativas. Por lo tanto, es tarea de la teología cristiana desarrollar una hermenéutica de proclamación que sea capaz de diferenciar entre estos dos mundos diferentes y evaluarlos críticamente. Tiene que preguntarse una y otra vez qué clase de D**s proclama la religión cristiana, cómo se imagina lo divino, para qué propósitos se usa y abusa el nombre de D**s, cómo se llama a cuentas por la explotación kyriarcal e injusticias coloniales de nuestro mundo.

Este cuestionamiento e imaginación crítica son necesarios para que la proclamación, la teología, la liturgia y la ética cristianas puedan anunciar el mundo divino no-violento de justicia, bienestar y amor que fue proclamado por Jesús de Nazaret y María Magdalena.

Todo discurso religioso, no solamente la teología cristiana, tiene que aprender a entenderse como una ciencia de la esperanza. Si la teología cristiana quiere proclamar la *basileia, libre de dominación, el mundo alternativo de D**s* efectivamente y continuar esa proclamación en el futuro, debe comprometerse conscientemente con el proceso religioso y ético de "construir el mundo", para desarrollar una imaginación de la esperanza en las luchas liberadoras para un mundo más justo.

[Traducido por R. Mooney]

Bibliografía

Abraham, Susan and Elena Procario-Foley, ed Frontiers in Catholic Feminist The*logy: Shoulder to Shoulder (Minneapolis: Fortress Press 2009).

Agosin, Marjorie, ed., Women, Gender, and Human Rights: A Global Perspective (Rutgers: Rutgers University Press, 2001).

Ahmed, Durre S., ed., Gendering the Spirit: Women, Religion, and the Postcolonial Response (New York: Palgrave, 2002).

Althaus-Reid, Marcella and Lisa Isherwood, Controversies in Feminist Theology (Controversies in Contextual Theology) (London: SCM Press, 2007).

Andolsen, Barbara Hilkert, "Daughters of Jefferson, Daughters of Bootblacks," Racism and American Feminism (Macon: Mercer Univ. Press, 1986).

Appiah, Kwame Anthony, Cosmopolitanism: Ethics in a World of Strangers (New York, N.Y.: W.W. Norton & Co, 2006).

Aquino, María Pilar and María José Rosado-Nunes, ed., Feminist Intercultural Theology. Latina Explorations for a Just World (Maryknoll, NY: Orbis Books, 2007).

_____, "Theology and Identity in the Context of Globalization," in Mary McClintock Fulkerson and Sheila Briggs, eds., The Oxford Handbook of Feminist Theology, (Oxford: Oxford University Press, 2012).

_____, "Theology and Indigenous Cultures of the Americas: Conditions of Dialogue," CTA Proceedings 61 (New York – London: University Press of America, 2006): 19-50.

Aquino, María Pilar, Daiy L. Machado and Jeanette Rodriguez, eds., A Reader in Latina Feminist Theology (Austin: University of Texas Press, 2002).

179

Arendt, Hannah, "What is Freedom?," Between Past and Future: Eight Exercises in Political Thought (New York: Penguin, 1993).

Armstrong, Karen M., A History of G*d: The 4000-Year Quest of Judaism, Christianity, and Islam (New York: Ballantine Books, 1993).

Atwood, Margaret, The Handmaid's Tale (New York: Ballantine Books, 1986).

Baker-Fletcher, Karen, A Singing Something. Womanist Reflections on Anna Julia Cooper (New York: Crossroad, 1994).

Baltodano, Mireya, Gabriela Miranda, Elisabeth Cook (eds.), Género y Religión (San José, Costa Rica: Universidad Bíblica Latinoamericana, 2009).

Baron, Dennis, Grammar and Gender. (New Haven: Yale University Press, 1986).

Beck, Ean, The Cult of the Black Virgin (Boston: Arkana, 1985).

Benhabib, Seyla, Dignity in Adversity. Human Rights in Troubled Times (Cambridge, MA: Polity Press, 2011): 3 – 19.

_____, ed., Democracy and Difference: Contesting the Boundaries of the Political (Princeton, NJ: Princeton Univ. Press, 1996).

Bernal, Martin, Black Athena; The Afroasiatic Roots of Classical Civilization (New Brunswick: Rutgers University Press, 1988).

Bloesch, Donald, The Battle for the Trinity: The Debate Over Inclusive God Language (Ann Arbor: Servant Publications, 1985).

Bornemann, Ernst, Das Patriarchat - Ursprung und Zukunft unseres Gesellschaftssystems, (Frankfurt am Main: Fischer, 1991).

Børresen, Kari Elisabeth, Subordination and Equivalence. The Nature and Role of Wo/man in Augustine and Aquinas, (Washington, D.C.: University Press of America, 1981).

Bourdieu, Pierre, Masculine Domination. Translated by Richard Nice. (Stanford: Stanford University Press, 2001).

Bridenthal, Renate, Atina Grossmann and Marion Kaplan, When Biology Became Destiny (New Feminist Library: 1984).

Briggs, Sheila and Mary McClintock Fulkerson, eds., Introduction, in The Oxford Handbook of Feminist The*logy (New York: Oxford University Press, 2011).

Brooks Thistlethwaite, Susan, Sex, Race, and G*d: Christian Feminism in Black and White (New York: Crossroad, 1989).

Bussmann, Hadumond and Renate Hof, (eds), Genus. Geschlechterforschung/Gender Studies in den Kultur- und Sozialwissenschaften. Ein Handbuch (Stuttgart: A. Kröner Verlag, 2005).

Butler, Judith and Joan W. Scott (eds.), Feminists Theorize the Political (New York: Routledge, 1992).

Butler, Judith, Undoing Gender (New York: Routledge, 2004).

_____, Gender Trouble: Feminism and the Subversion of Identity. (New York: Routledge, 1990).

Cameron, Deborah, ed., The Feminist Critique of Language: A Reader (New York: Routledge, 1998).

Carson, Anne, Goddesses & Wise Women. The Literature of Feminist Spirituality 1980 - 1992 (Freedom: The Crossing Press, 1992).

Castelli, Elizabeth A., (ed.), Women, Gender and Religion. A Reader (New York: Palgrave, 2001).

Castelli, Elizabeth A., "The Ekklēsia of Women and/as an Utopian Space: Locating the Work of Elisabeth Schüssler Fiorenza in Feminist Utopian Thought," in On the Cutting Edge, ed. Jane Schaberg, Alice Bach, and Esther Fuchs (New York: Continuum, 2004): 21-35.

Chopp, Rebecca S. and Sheila Greeve Davaney, Horizons in Feminist Theology: Identity, Tradition, and Norms (Minneapolis: Fortress Press, 1997).

_____, The Power to Speak: Feminism, Language, and G*d (New York: Crossroad, 1989).

Christ, Carol P., "Why Women Need the Goddess: Phenomenological, Psychological, and Political Reflections," in Carol Christ & Judith Plaskow, eds., Wo/men Spirit Rising: A Feminist Reader in Religion (San Francisco: Harper & Row, 1979), 273-87.

_____, Laughter of Aphrodite. Reflections on a Journey to the Goddess (San Francisco: Harper & Row, 1987).

_____, The Rebirth of the Goddess: Finding Meaning in Feminist Spirituality Reading (MA: Addison-Wesley Publishers, 1998).

Clifford, Anne M., Introducing Feminist Theology (Maryknoll: Orbis, 2001).

Cocks, Joan, The Oppositional Imagination. Feminism, Critique and Political Theory (New York: Routledge, 1989).

Code, Lorraine, "Patriarchy," in Lorraine Code, ed., Encyclopedia of Feminist Theories (London: Routledge, 2000): 378-379.

Cohen, Nancy L., Delirium. How the Sexual Counterrevolution is Polarizing America – A Groundbreaking Investigation into the Shadow Movement that Fuels our Political Wars (Berkeley: Counterpoint, 2012).

Cole, Susan, Marian Ronan and Hal Taussig (eds.) Wisdom's Feast: Sophia in Study and Celebration (New York: Harper & Row, 1989).

Collins, Patricia Hill, Fighting words. Black wo/men & the Search for Justice (Minnesota: University of Minnesota Press, 1998).

Conde, Gloria, Mujer nueva: ellas: hay una pequeña diferencia (México: Editorial Trillas, 2000) (English translation by Karna Swanson, Circle Press, 2008).

Daly, Mary, Beyond God the Father (Boston: Beacon Press, 1968).

De Lauretis, Teresa, Technologies of Gender. (Bloomington: Indiana University Press, 1987).

Delphy, Christine, "Rethinking Sex and Gender," in Darlene Juschka, Hg., Feminism in the Study of Religion. A Reader (New York: Continuum, 2001) 411-423.

Doyle, Karen, The Genius of Womanhood (Pauline Books and Media, 2009).

Dube, Musa W., "Villagizing, Globalizing and Biblical Studies," in Reading the Bible in the Global Village: Cape Town, eds. Justin S. Upkong, et al. (Atlanta, Ga: Scholars, 2002): 41–64.

_____, Postcolonial Feminist Interpretation of the Bible (St. Louis, Mo.: Chalice, 2000).

duBois, Page, Centaurs & Amazons: Women and the Pre-History of the Great Chain of Being (Ann Arbor: University of Michigan Press, 1982).

_____, Slaves and Other Objects (Chicago: The University of Chicago Press, 2003).

_____, Torture and Truth (New York: Routledge, 1991).

Duck, Ruth C., Gender and the Name of God. The Trinitarian Baptismal Formula (New York: The Pilgrim Press, 1991).

Durish, Patricia, Citizenship and Difference: Feminist Debates Annotated Bibliographies Series of the Transformative Learning Centre (Toronto: Ontario Institute for Studies in Education, 2002).

Farley, Margaret A., Just Love: A Framework for Christian Sexual Ethics (New York: Continuum, 2006).

Faure, Christine, Democracy without Women (Bloomington: Indiana University Press, 1991).

Feldman, Shelley, "Exploring Theories of Patriarchy: A Perspective from Contemporary Bangladesh," Signs 26/4 (2001), 1097-1127.

Frank Parsons, Susan, The Cambridge Companion to Feminist Theology (Cambridge, U.K.; New York: Cambridge University Press, 2002).

Fretheim, Terence E., "Is the Biblical Portrayal of God Always Trustworthy?," in Terence E. Fretheim and Karlfried Fröhlich, The Bible As Word of G*d in a Postmodern Age (Minneapolis: Augsburg Fortress, 1998): 97-112.

Fröhlich, Karlfried, The Bible As Word of G*d In A Postmodern Age (Minneapolis: Augsburg Fortress, 1998): 97-112.

Frug, Mary, Postmodern Legal Feminism (New York; Routledge, 1992).

Galland, Gina, Longing for Darkness. Tara and the Black Madonna (New York: Penguin Books, 1990).

Gebara, Ivone, Longing for Running Water; Ecofeminism and Liberation (Minneapolis: Fortress Press, 1999).

Genovese, Elizabeth Fox, Feminism is Not the Story of My Life: How Today's Feminist Elite Has Lost Touch with the Real Concerns of Wo/men (New York: Doubleday Books 1996).

Gross, Rita M. and R. Radford Ruether, Religious Feminism and the Future of the Planet.A Buddhist-Christian Conversation (New York: Continuum, 2001).

Harrison, Beverly Wildung, Justice in the Making: Feminist Social Ethics (Louisville, Ky.: Westmintser John Knox, 2004).

Hawkesworth, Mary E., Beyond Oppression: Feminist Theory and Political Strategy (New York: Continuum 1990).

_____, Globalization and Feminist Activism, Globalization and Feminist Activism (Lanham: Rowman & Littlefield, 2006).

Heckman, Susan, Gender and Knowledge. Elements of Postmodern Feminism (Boston: Northeastern Univ. Press, 1990): 152 -190.

Helman, Ivy A., Women and the Vatican. An Exploration of Official Documents (New York: Orbis Books 2012).

Hennessy, Rosemary, Materialist Feminism and the Politics of Discourse (New York: Routledge, 1993).

Hooks, Bell, Feminism is for Everybody: Passionate Politics (Cambridge, MA: South End Press, 2000), 1-18.

_____, Feminist Theory: From Margin to Center (Boston: South End Press, 1984).

_____, Yearning: Race, Gender, and Cultural Politics (Boston: South End Press, 1990).

Horkheimer, Max, Critical Theory (New York: Herder, 1972): 188-243.

Jarl, Ann-Cathrin, In Justice: Women and Global Economics (Minneapolis: For-tress Press, 2003).

Jobling, Jánnine, Feminist Biblical Interpretation in Theological Context (Burlington: Ashgate, 2002).

Johnson, Elizabeth A., She Who Is. The Mystery of God in Feminist theological Discourse (New York: Crossroad, 1992).

Jones, Serene, Feminist Theory and Christian Theology: Cartographies of Grace (Minneapolis: Fortress Press, 2000).

Juschka, Darlene M., Feminism in the Study of Religion: A Reader (New York: Continuum, 2001).

Kähler, Else, Die Frau in den Paulinischen Briefen (Zürich: Gotthelf Verlag, 1960).

Kalbian, Aline H., Sexing the Church. Gender, Power and Ethics in Contemporary Catholicism (Bloomington: Indiana University Press, 2005): 55 – 93.

Kamitsuka, Margaret D., Feminist Theology and the Challenge of Difference (New York: Oxford, 2007).

Kanyoro, Musimbi R., Introducing Feminist Cultural Hermeneutics: An African Perspective (Cleveland, Ohio: Pilgrim Press, 2002).

Kassian, Mary, The Feminist Mistake. The Radical Impact of Feminism and Culture (2d ed. Wheaton: Crossway, 2005).

Keller, Catherine, "The Apophasis of Gender: A Fourfold Unsaying of Feminist Theology" Journal of the American Academy of Religion 76/4 (2008), 905-933.

Keuls, Eva C., The Reign of the Phallus: Sexual Politics in Ancient Athens (New York: Harper & Row, 1985).

Kimel, Alvin, ed., Speaking the Christian God (Grand Rapids: Eerdmans, 1992).

Koonz, Claudia, Mothers in the Fatherland: Women, the Family, and Nazi Politics, (New York: Saint Martin´s Press, 1986).

LaCugna, Catherine Mowry, "God in Communion With us," in Catherine Mowry LaCugna,ed, Freeing Theology. The Essentials of Theology in Feminist Perspective (San Francisco: Harper San Francisco, 1993), 83-114.

Lan, Kwok Pui, Introducing Asian Feminist The*logy (Cleveland: Pilgrim Press, 2000): 65-78.

Laqueur, Thomas, Making Sex. Body and Gender from the Greeks to Freud (Cambridge: Harvard University Press, 1990).

Lee, Bernard J., S.M., Jesus and the Metaphors of God. The Christs of the New Testament (New York: Paulist Press, 1993).

Lewis, William, "Louis Althusser", The Stanford Encyclopedia of Philosophy (Winter 2009 Edition), Edward N. Zalta (ed.),

URL = <http://plato.stanford.edu/archives/win2009/entries/althusser/>.

Lloyd, Genevieve, The Man of Reason: "Male" and "Female" in Western Philosophy (Minneapolis: University of Minnesota Press, 1984).

Lorber, Judith, Paradoxes of Gender (New Haven: Yale University Press, 1990).

Lugones, María, "Heterosexualism and the Colonial Modern Gender System," Hypatia 22/1 (2007): 186-209.

_____, Toward a Decolonial Feminism," Hypatia 25/4 (2010): 742-759.

Lührmann, Dieter, "Wo man nicht mehr Sklave und Freier ist: Überlegungen zur Struktur frühchristlicher Gemeinden," Wort und Dienst 13 (1975): 53-83.

Lutz, Helma, María Theresa Herrera Vivar, Linda Supik, eds., Focus Intersektionalität. Bewegungen und Verortungen eines vielschichtigen Konzepts (Wiesbaden: VS Verlag, 2010).

Lykke, Nina, Feminist Studies: A Guide to Intersectional Theory, Methodology and Writing (New York: Routledge, 2010).

Macleod, Morna, "Drawing the Connection: Mayan Wo/men's Quest for a Gendered Spirituality,"ibid., 195-215.

Madsen, Catherine et al., "If God is God. She Is Not Nice," Journal of Feminist Studies in Religion 5/1 (1989) 103-118.

Marcos, Sylvia, "Indigenous Spirituality and the Politics of Justice: Voices from the First Summit of Indigenous Women of the Americas," in Women and Indigenous Religions (ed. Sylvia Marcos: Santa Barbara: Praeger, 2010): 45-68.

Markus, H., R. Schweder, and M. Minow, eds., The Free Exercise of Culture (New York: Russell Sage Foundation, 2001).

Martin, Clarice, "The Haustafeln (Household Codes) in African American Biblical Interpretation: 'Free Slaves' and 'Subordinate Women,'" in Cain Hope Felder, ed., Stony the Road We Trod: African American Biblical Interpretation (Minneapolis: Fortress Press, 1991), pp. 206-31.

McCulley, Carolyn, Radical Womanhood: Feminine Faith in a Feminist World (Chicago: Moody Publishers, 2008).

McFague, Sallie, Models of God. The*logy for an Ecological Age (Philadelphia: Fortress, 1987).

_____, The Body of God. An Ecological The*logy (Minneapolis: Fortress, 1993).

Meersemann, Gerhard G., ed., Der Hymnos Akathistos im Abendland. Die älteste Andacht zur Gottesmutter (Freiburg: Herder, 1958).

Mies, Maria. Patriarchy and Accumulation on a World Scale: Women in the International Division of Labour (New York: Palgrave, 1999).

Minow, Martha, Equality and the Bill of Rights (Ithaca, NY: Cornell Univ. Press, 1992).

_____, Identities (New Haven, CT: Yale Univ. Press, 1991).

Mitchem, Stephanie Y., Introducing Womanist Theology (Maryknoll, N.Y.: Orbis Books, 2002).

Moghadam, Valentine M., Globalization & Social Movements: Islamism, Feminism and the Global Justice Movement (2nd.ed. Lanham: Rowman & Littlefield Publ. 2013).

Mohanti, Chandra Talpade, "Under Western Eyes," in Third World Wo/men and the Politics of Feminism, eds. Chandra Talpade Mohanti, Ann Russo, and Lourdes Torres (Bloomington, Ind.: Indiana University Press, 1991), 51-80.

Molenkott, Virginia Ramey, "Emancipative Elements in Ephesians 5, 21-33: Why Feminist Scholarship Has (Often) Left Them Unmentioned, and Why They Should Be Emphasized," in Amy Jill Levine, ed., A Feminist Companion to the Deutero-Pauline Epistles (New York: The Continuum International Publishing Group, 2003): 37-58.

Mollenkott, Virginia Ramey, Women, Men, and the Bible (Nashville: Abingdon, 1977).

Moller Okin, Susan, Women in Western Political Thought (Princeton: University Press, 1979).

Moody, Linda A., Wo/men Encounter God. Theology Across the Boundaries of Difference (Maryknoll: Orbis Books, 1996).

Mookherjee, Monika, "Affective Citizenship: Feminism, Postcolonialism and the Politics of Recognition" Critical Review of International Social and Political Philosophy 8/1 (2005): 31-50.

Moore, Stephen D. and Janice Capel Anderson, eds., New Testament Masculinities. Semeia Studies (Atlanta: SBL, 2003).

Mouffe, Chantal, ed., Dimensions of Radical Democracy (London: Verso, 1992).

Mulack, Christa, Jesus der Gesalbte der Frauen (Stuttgart: Kreuz Verlag, 1987).

Nash, Jennifer C., "Rethinking Intersectionality," Feminist Review 89/1 (2008): 1-15.

Neuer, Werner, Man and Woman in Christian Perspective (London: Hodder & Stoughton, 1990).

Ng, Esther Yue L., Reconstructing Christian Origins? (Carlisle: Paternoster Press, 2002).

Nicholson, Linda J., Feminism/Postmodernism (New York: Routledge, 1990).

Oakley, Ann, Sex, Gender, and Society (New York: Harper&Row, 1972).

Olsen, Carl (ed.), The Book of the Goddess. Past and Present (New York: Crossroad, 1983).

Paden, William E., Religious Worlds: The Comparative Study of Religion (Boston: Beacon Press 1994).

Phillips, Anne, Engendering Democracy (Cambridge: Polity Press, 1991).

Plaskow, Judith, Standing Again at Sinai. Judaism from a Feminist Perspective (San Francisco: Harper & Row, 1990): 121 - 169.

_____. Sex, Sin, and Grace: Women's Experience and the Theologies of Niebuhr and Tillich (Washington: University Press of America, 1980).

Pogge, Thomas, "Cosmopolitanism and Sovereignty," in World Poverty and Human Rights: Cosmopolitan Responsibilities and Reforms (Oxford and Malden: Polity Press, 2002): 168-195.

Pope Leo XIII, "On Freemasonry," in E. Gilson, ed., The Church Speaks to the Modern World, (Garden City, NY: Doubleday Image, 1954).

_____, "On Socialism," in E. Gilson, ed., The Church Speaks to the Modern World: The Social Teachings of Leo XIII (Garden City, NY: Doubleday Image, 1954).

Prins, Baukje, "Mothers and Muslims, Sisters and Sojourners: The Contested Boundaries of Feminist Citizenship," in K. Davis, M. Evans & J. Lorber (eds.) Handbook of Gender and Women's Studies (London: SAGE, 2006): 234-250.

Radford Ruether, Rosemary, "Patriarchy," in Lisa Isherwood and Dorothea McEwan, eds., An A to Z of Feminist Theology (Sheffield: Sheffield Academic Press, 1996).

_____, Rosemary, Catholic Does not Equal the Vatican: A Vision for Progressive Catholicism (New York: The New Press, 2008): 41-59.

_____, Rosemary, ed., Feminist Theologies: Legacy and Prospect (Minneapolis, MN: Fortress Press, 2007).

_____, Rosemary, Women Healing the Earth. Third World Women on Ecology, Feminism and Religion (New York: Orbis Books, 1996).

Raphael, Melissa, Introducing Theology: Discourse on the Goddess (Cleveland, Ohio: Pilgrim Press, 2000).

Reilly, Niamh, "Cosmopolitan Feminism and Human Rights," Hypatia 22/4 (2007): 180-198.

Ress, Mary Judith, Ecofeminism in Latin America (New York: Orbis Books, 2006).

Rivera Rivera, Mayra, The Touch of Transcendence. A Postcolonial Theology of God (Louisville: Westminster John Knox Press, 2007).

Rouselle, Aline, Porneia: On Desire and the Body in Antiquity (New York: Basil Blackwell, 1988).

Roy, Arundhati, An Ordinary Person's Guide to Empire (Cambridge: South End, 2004).

Sandoval, Chela, Methodology of the Oppressed (Minneapolis: University of Minnesota Press, 2000).

Saussy, Carol, God Images and Self Esteem. Empowering Women in a Patriarchal Society (Westminster: John Knox Press, 1991).

Scanzoni, Letha and Nancy Hardesty, All We're Meant to Be: A Biblical Approach to Women's Liberation (Waco; Texas: Word Books, 1975).

Scholer, David M., "1 Tim 2,9-15 and the Place of Women in the Church's Ministry," in Amy Jill Levine, ed., A Feminist Companion to the Deutero-Pauline Epistles, (New York: T. & T. Clark, 2003): 98-121.

Scholz, Susanne, "The Christian Rights Discourse on Gender and the Bible," Journal of Feminist Studies in Religion 21 (2005): 83-104.

_____, "The Forbidden Fruit for the New Eve: The Christian Right's Adaptation to the (Post) Modern World," in David Cheetham, Ulrich Winkler, Oddbjørn Lirvik and Juditth Gruber, Interreligious Hermeneutics in Pluralistic Europe: Between texts and People (Amsterdam: Odopi, 2011): 289-315.

Schor, Naomi and Elizabeth Weed, eds., The essential difference (Bloomington: Indiana University Press, 1994).

Schott, Robin May, Cognition and Eros: A Critique of the Kantian Paradigm (Boston: Beacon Press, 1988).

Schroer, Silvia, "Die göttliche Weisheit und der nachexilische Monotheismus," in Marie-Theres Wacker und Erich Zenger, eds., Der eine Gott und die Göttin: Gottesvorstellung des biblischen Israel im Horizont feministischer Theologie Freiburg: Herder, 1991, 151-183.

Schumacher, Michele M., ed., Women in Christ: Toward a New Feminism (Grand Rapids: Eerdman's Publishers, 2003).

Schüssler Fiorenza, Elisabeth, "The Ethics of Interpretation: Decentering Biblical Scholarship. SBL Presidential Address." JBL 107 (1988): 3 17.

_____, "Wisdom Mythology and the Christological Hymns of the New Testament" in Robert L. Wilken, ed., Aspects of Wisdom in Judaism and Early Christianity (Notre Dame: Notre Dame, 1975): 17-42.

_____, "A Discipleship of Equals: Ekklesial Democracy and Patriarchy in Biblical Perspective," in E.C. Bianchi and R. Radford Ruether, eds., A Democratic Catholic Church. The Reconstruction of Roman Catholicism (New York: Crossroad, 1992): 17-33.

_____, "G*d the Many Named: Without Place and Proper Name." In Transcendence and Beyond: A Postmodern Inquiry, edited by John D. Caputo and Michael J. Scanlon, 109-126. Bloomington, IN: University Press, 2007.

_____, "Gender, Sprache und Religion: Feministisch – Theologische Anfragen." In Erträge. 60 Jahre Augustana. (Neuendettelsau: Augustana Hochschule e.V., 2008): 83-90.

_____, "Religion, Gender and Society: Shaping the Discipline of Religious/Theological Studies." 85–99 in The Relevance of Theology. Edited by Carl Reinhold Bråckenhielm and Gunhild Winqvist Hollman. (Uppsala, Sweden: Uppsala Universitet, 2002).

_____, "Re-Visioning Christian Origins: In Memory of Her Revisited." Pages 225–50 in Christian Beginnings:Worship, Belief and Society edited Kieran O'Mahony. (London: Continuum International, 2003).

_____, "Toward an Intersectional Analytic: Race, Gender, Ethnicity, and Empire in Early Christian Studies," in Laura Nasrallah and Elisabeth Schüssler Fiorenza, eds. Prejudice and Christian Beginnings (Minneapolis: Fortress, 2009).

_____, But She Said: Feminist Practices of Biblical Interpretation (Boston: Beacon Press, 1992): 103–132.

_____, Democratizing Biblical Studies: Toward an Emancipatory Educational Space. (Louisville, KY: Westminster John Knox Press, 2009).

_____, Discipulado de Iguales: Una Ekklesia-logía Crítica Feminista de Liberación. Mujeres haciendo Teología desde Bolivia, (La Paz: Editorial Pachamama, 2011).

_____, ed. The Power of Naming. A Concilium Reader in Feminist Liberation Theology. (Maryknoll, NY: Orbis Books, 1996).

_____, En la senda de Sofía. Hermenéutica feminista crítica para la liberación. Translated and edited by Severino Croatto and Cristina Conti. (Buenos Aires: Lumen-Isedet, 2003).

_____, In Memory of Her: A Feminist Theological Reconstruction of Christian Origins. Originally published 1983. Tenth Anniversary Edition. (New York, N.Y.: Crossroad, 1994).

_____, Jesus, Miriam's Child and Sophia's Prophet (New York: Crossroad, 1994).

_____, Los Caminos de la Sabiduría. Una Introducción a la interpretación feminista de la Biblia. (Santander: Sal Terrae, 2004).

_____, Rhetoric and Ethics. The Politics of Biblical Studies. (Minneapolis: Fortress, 1999).

_____, Searchig the Scriptures (New York: The Crossroad Publishing Company, 1997).

_____, Sharing Her Word (Boston: Beacon Press, 1998).

_____, The Power of the Word. Scripture and the Rhetoric of Empire (Minneapolis: Fortress Press, 207).

_____, Transforming Vision: Explorations in Feminist The*logy (Minneapolis: Fortress Press, 2011).

Schutte, Ofelia, "Engaging Latin American Feminisms Today: Methods, Theory and Practice, "Hypatia 26/4 (2011) 783-803.

Sertima, Ivan van (ed.), Black Women in Antiquity (New Brunswick: Transaction Books, 1988).

Shanley, Mary Lyndon and Carole Pateman (eds.), Feminist Interpretations and Political Theory (University Park: The Pennsylvania State University Press, 1991).

Smith, Andrea, "First Nation, Empire and Globalization," in Sheila Briggs and Mary McClintock Fulkerson, eds, The Oxford Handbook of Feminist Theology (New York: Oxford University Press, 2011), 307-331.

_____, "First Nation, Empire and Globalization," in Sheila Briggs and Mary McClintock Fulkerson, eds, The Oxford Handbook of Feminist Theology p.328f.

Smith, Anna Marie, Laclau and Mouffe: The Radical Democratic Imagination (New York: London, 1998).

Spelman, Elizabeth V., Inessential Woman: Problems of Exclusion in Feminist Thought (Boston: Beacon, 1988).

Standing, Guy, "Global Feminization through Flexible Labor," World Development 17/7 (1989) 1077-95 and World Development 27/3 (1999): 583-602.

Stoljar, Natalie, "Essentialism" in Lorraine Code, ed., Encyclopedia of Feminist Theories (New York: Routledge, 2004) 177-178.

Syme, Ronald, The Roman Revolution (Oxford: Oxford University Press, 1939).

Taylor, Charles, "On Social Imaginary," http://blog.lib.umn.edu/swiss/archive/Taylor accessed 9/26/2012

Thompson, John B., Studies in the Theory of Ideology (Berkeley: University of California Press 1984).

Thraede, Klaus, "Aerger mit der Freiheit: Die Bedeutung von Frauen in Theorie und Praxis der alten Kirche," in Gerda Scharffenroth (ed.), Freunde in Christus werden... (Gelnhausen and Berlin: Burckhardthaus, 1977): 35-182.

Tompkins, Jane, "The Reader in History: The Changing Shape of Literary Response," in Reader-Response Criticism: From Formalism to Poststructuralism (Baltimore: The John Hopkins University Press, 1980): 201-232).

Walby, Sylvia, Theorizinbg Patriarchy (Oxford: Basil, 1990).

Weber, Lyn, Understanding Race, Class, Gender, and Sexuality. A Conceptual Framework (2nd. Edition; New York: Oxford University Press, 2010), p.v.

Wichterich, Christa, The Globalized Woman: Reports from a Future of Inequality (New York: Zed, 2000).

Wu, Rose, "Poverty, AIDS and the Struggle of Women to Live," In G*d's Image 24/3 (2005) 11.12.

Yamaguchi, Satoko, "Father Image of G*d and Inclusive Language: A Reflection in Japan," in Fernando Segovia, ed., Toward a New Heaven and a New Earth. Essays in Honor of Elisabeth Schüssler Fiorenza (Maryknoll: Orbis, 2003): 219-224.

Made in the USA
Columbia, SC
22 February 2022

56629885R00107